给青年教师的
36条成长建议

张祖庆 著

长江出版传媒 长江文艺出版社

图书在版编目（CIP）数据

给青年教师的 36 条成长建议 / 张祖庆著. -- 武汉：
长江文艺出版社，2021.9（2022.3 重印）
（大教育书系）
ISBN 978-7-5702-2250-6

Ⅰ. ①给… Ⅱ. ①张… Ⅲ. ①青年教师－师资培养－
研究 Ⅳ. ①G451

中国版本图书馆 CIP 数据核字(2021)第 130057 号

给青年教师的 36 条成长建议
GEI QINGNIAN JIAOSHI DE 36 TIAO CHENGZHANG JIANYI

责任编辑：施柳柳　梅若冰　　　　责任校对：毛　娟
封面设计：天行健设计　　　　　　责任印制：邱　莉　杨　帆

出版：长江出版传媒 ｜ 长江文艺出版社
地址：武汉市雄楚大街 268 号　　　邮编：430070
发行：长江文艺出版社
http://www.cjlap.com
印刷：湖北新华印务有限公司

开本：710 毫米×970 毫米　　　1/16　印张：14.75　　插页：1 页
版次：2021 年 9 月第 1 版　　　2022 年 3 月第 2 次印刷
字数：180 千字

定价：42.00 元

目　录

Contents

Chapter 5　成长不是一瞬间的事，而是一辈子的事

代序

成为精神上生生不息、绵绵不绝的教师

——对话李政涛教授

多年以后，面对自己的精神宇宙，"名家经典读写群"的老师们一定会记得李政涛教授光临的那个父亲节夜晚。

—— 张祖庆

教师要不断重建自己的精神宇宙

张祖庆：李教授，我先来问第一个问题。您在很多个场合提到，要提升教师的精神海拔，重建教师的精神宇宙。教师精神的成长，为什么被您看得如此之重要？

李政涛：主持人张苪老师所引用的祖庆老师的"触碰"一词，也"触碰"了我。今晚，此时此刻，就是一个我与老师们精神上触碰的时刻，它带来的精神能量，已经让我感知到了，我喜欢这样的交流。

刚才祖庆老师提的这个问题，是一个起点性、前提性的问题，也是我写作《重建教师的精神宇宙》一书的原点。

首要的原因，在于我对当下教师精神生活品质之于教育价值的理解：作为教育者的教师，如果自身精神生活不丰盈、不丰厚、不丰实，缺乏精神的力量，就无法教出、育出具有同样精神生活品质的学生。

其次，来自自我的体验，来自陈婕老师和祖庆老师共同提及的教师"我向教育"，教师首先不是建构他人精神世界之人，而是建构自我精神世界的人。有没有建构自我精神宇宙的能力，往往影响了、决定了教师建构他人精神宇宙的能力。

在这个意义上，所谓的"灵魂的工程师"，首先是自我灵魂的工程师。

重建：意味着打破、消解

张祖庆：我非常认同李教授说的，当下教师精神生活的"三不"现象。教书，说到底，是教人成长。人的成长，关键是精神的成长。一个精神的侏儒，是无法教出巨人的。

那么，怎么做"自我灵魂的工程师"？这就谈到了第二个话题，也就是，教师如何重建自己的精神宇宙。我想，"重建"，意味着打破，意味着消解，而不是在原有的基础上修修补补。那么，要打破什么？要消解什么？简言之，如何重建教师的精神宇宙呢？

李政涛：打破的对象，消解的对象，至少有三个方面：一是传统的价值观；二是传统的思维方式；三是传统的行为习惯。请原谅，我这里用了三个"传统"，这并不意味着凡是"传统"的都是不好的，都是需要打破和消解的，恰恰相反，随着年龄渐长，我越来越体会到传统的价值，越来越强调要把精神的成长之根，扎在特有的传统基石和命脉之中。

这里我反对的"传统"，是那些阻碍真正的教育的发生，削弱教育的本真力量，因而导致远离教育的本质的"传统"。

张祖庆：嗯。对传统，我们不是轻易丢弃，而是在深入学习传统教育思想基础上的传承：扬弃、发展、创新。

李政涛：是的，是通过扬弃、发展、创新等方式，实现传统的创造性转化和转化性创造。我理解的教育价值观，与教育的底线有关，可以概括为四句话：把教育当教育，把学校当学校，把学生当学生，把教师当教师。

教师精神宇宙的重建，是一个相当大的话题，也很容易变成一种口号，作为当年的书生，作为喜欢"理想""梦想"等宏大话语之人，我的自我改变、自我重生，恰恰是从这里开始的。我当年的迷惘，或者张芃老师所说的"迷茫"，都与此有关。

我的恩师叶澜教授所倡导的"现实的理想主义"，给我以很大的触动。这样的人，不会空谈理想，总是希望在直面现实、扎根现实中提出自己的理想，避免理想虚飘无根；这样的人，也不会一味地认同现实、屈从于现实，只对现实唉声叹气、无所作为，而是总想能够为现实的改变做些什么。

"复盘"自己的课堂场景

张祖庆："重建"从"打破"开始。破，而后立。这个"立"，也就是李教授说的"自我改变""自我重生"。那么，这个重生，应该从何入手？是否可以从阅读开始，从对教育现场的反思开始，从日常田野研究开始？我们继续听教授为我们谈如何"重建"。

李政涛：入手之处，在于"阅读""写作"。我理解的阅读，或者读书，不仅是阅读有字之书，更包括无字之书。这是我近年来反复倡导的想法。

我们作为教师，需要阅读的无字之书，包括"人"这本大书。学会读人、读学生、读同行，读形形色色之人，还有读自我。此外，还要读课堂之书，读天地之书。而学会读懂课堂，是我最大的改变之一。

教师的课堂不在图书馆、不在书斋、不在书本中，在学校、在田野、在每天真实发生的具体的教育教学生活之中。

张祖庆：嗯。课堂，一个活着的、有声有色的文本，传递着耐人寻味的消息。读懂课堂这本大书，也是重建精神宇宙的一条重要途径。

李政涛：没错！于漪老师曾经说过类似的话："课堂是活的教育学。"我一直很感恩包括张芃老师这样的合作伙伴，我在向她们发问、追问之时，其实很多时候也是自我反问、自我反省。我们之间的合作，更多是合作读懂课堂，并在此过程中读懂学生、读懂教师、读懂自我。这就是我当年学会听课评课之时，迫使自己养成的一个习惯——"复盘"。

复盘教师的课堂场景，复盘教师的说课场景，复盘自己的评课场景，反复揣摩、研磨，看看从中发生了什么，生长了什么。

张祖庆：是的。一线教师，既要重视读名师的课堂，也要重视读伙伴的课堂，更要重视读自己的课堂。我们，往往热衷于读他人，而忽视了读自己。我一直以为，自己的课堂，恰恰是最重要的文本。尤其是作为教师，真实发生的自己的课堂，其实是最值得读的。不知李教授是否认同我的观点？

成为精神上生生不息、绵绵不绝的人

李政涛：非常赞同！《教学的勇气》倡导"教学滋养人"，不只是滋养学生，也包括用自己的教学滋养自身。如果一位老师不仅能够通过倾听他人的课堂滋养自身，还能够借助自己的日常课堂滋养自我，他一定是一个精神上自给自足的人，是一个具有内生力、内动力的人。

张祖庆："复盘"，就是反思，就是回望，就是省察。"未经省察的人生，是不值一过的"。我们能否说，"未经省察的课堂，也是不值一提的"？复盘，让我们得到更好的生长。这，就是基于读课的"重建"！谢谢李教授的"复盘"带给我们的启发。

李政涛：包括我在内，我们很容易把耳朵朝向他人，聆听他人的评价、观点、议论，用别人的声音、观点和目光来形塑自我，往往忽略把耳朵朝向自身，倾听自我最真实的需要、最细微的声音，并自己与自己对话——拥有倾听自我、与自我对话、进而自我重构的能力，可能也是精神宇宙强大者的标志之一。这样的人，必定是精神上生生不息、绵绵不绝之人。

培养写作习惯，生成写作需要，提升写作能力

李政涛：另外，我想说重建精神宇宙的切入点，是"写作"。我所经历的个人成长误区，是一度读得太多，写得太少，被"述而不作"所束缚。

后来发现，其实很多道理、想法、体悟，不是读明白、想明白，而是写明白、写清楚的，由此我悟出了"以写促读""以写清思""以写引思"的道理。

在阅读与写作的穿梭转换、交互生成中不断丰富自身的精神世界。

张祖庆：李教授，大家都明白写的重要性。可能很多人，是不敢写，怕自己写出来的东西，丢人。于是，把时间花在阅读上，而不愿意写作。看来，这个观念，一线教师必须要改。我目前在微信公众号上的写作，就是这样"以写促读"的状态。有时候，写着写着，知道自己不足了，会主动去阅读。这就是"以写促读""以写清思""以写引思"。我想，写下来，就是自己的东西；哪怕幼稚，也是有价值的。

李政涛：是的，有关写作，我觉得过去的思维习惯是"先有写作需要，写作能力，再养成写作习惯"，其实可以倒过来，不管成色、结果如何，要大量地写，甚至乱七八糟地写，培养写作习惯，生成写作需要，提升写作能力。

先大量地写，哪怕是片段式地写、纯感悟式地写，都没有关系。迄今为止，我认为周国平最好的书就是《人与永恒》，是真正的片段式写作、感悟式写作。

张祖庆：写作，是重建精神宇宙的重要通道，也是教师专业成长的必由路径。零零星星的写作，也许闪烁着一刹那的智慧光芒。

张祖庆：小结一下刚才这个板块的对话。李教授说："做一个精神上生生不息、绵绵不绝的人，这是宇宙强大的标志。"李教授就是这样的人。我也希望自己慢慢成为这样的人。如何重建精神宇宙？第一，在继承的基础上，不断打破、消解传统；第二，不断阅读（读人、读课、读书、读宇宙万物），不断写作（多写自己的故事、教育现场，少写论文），重建精神宇宙。

好的课，是有节奏感、动静相宜的

张祖庆：好！我们转入第二个大的话题。李教授一直在提倡，课堂需要安静。安静的课，才能生长智慧。但实际的公开课上，我们往往看到，那些激情四射的、幽默风趣的、妙语连珠的课，往往最能叫座，也最吸引听课者的注意力。而那些安静的、慢慢推进的课，有些老师，却连连摇头。公开课上，我们该如何把握安静与热闹的度？这个话题，我想，也许是很多老师很困惑的。李教授能否就这个话题谈谈自己的想法？

李政涛：祖庆老师刚才说："未经省察的课堂，也是不值一提的。"之所以如此，原因依然在于没有把目光、耳朵朝向自我，没有去经历自我重构的过程。接下来，我来说说我对静与闹的理解。

首先，我承认各种个性的老师、各具风格的老师，都各有其独特、不可替代的价值。无论课堂实践，还是学术研究，本质上都不是田径比赛，非要比个快慢长短，而是体操比赛，各展其姿，各有千秋，各美其美……

但这并不代表我们就没有自己的评判标准和价值尺度。我之所以写下《静默中的教育》《孤寂中的教育》，既与自己的个性有关，我一向是喜欢安静、不喜欢热闹之人，也与我对好课堂的标准或价值取向有关。

我读过祖庆老师的《万物静默如斯，课堂静默如谜》一文，深有同感。我无法精确地表达安静与热闹的尺度究竟在哪里，这可能需要通过具体的课例、案例来分析。不过，我有一个想法，是最近在听课中生成的。

课堂的"节奏感"，不只是快与慢的节奏，也是不同教学活动、教学行为的穿梭转换产生的节奏。如果只是说、说、说（更多与传统的"分析课文""解析课文"有关），或者只是读、读、读，或者只是写、写、写，都不是理想的节奏。如果能够在不同性质、不同类型的教学活动中实现穿梭、转换或者切换，课堂的节奏感就出来了，学生就不会处于要么一直闹腾、要么一直静默不言的死寂等极端情境之中。这个切换、穿梭，可能就是一种"动静相宜"的状态。

张祖庆：嗯！节奏感！好的课，一定是动静相宜、疏密有致的。刚出道的时候，我喜欢动，喜欢热闹，喜欢故意制造幽默，故弄玄虚，让听课老师如痴如醉。但是后来，我发现，一味逗弄老师发笑，很容易干扰学生的思考；学生的思考，是不连贯的，碎片化的。这种太闹腾的课，会让人联想到大卖场。课堂，只剩下了老师的幽默和听课老师的笑声。学生，不见了。这是多么的可怕。

李政涛：这个刚出道的状态，和我当年走向讲台之时的状态，多么类似……

张祖庆：哈。可以理解。人，难免有急于表现自我的时候。

李政涛：祖庆老师今晚提的这些问题是好问题，是值得深思且具有普遍实践感的问题。

张祖庆：李教授，是否可以这么说，教师重建自己的精神宇宙，还要确立正确的教育观、师生观、好课观。唯有"三观"正，我们才能行得正，我们的精神宇宙，才会慢慢地丰盈、博大、深邃。非常感谢李教授今晚的解惑，让我们对精神宇宙重建这个话题，有了更深入的思考。李教授工作非常忙碌，却如此真诚平等地用文字和我们交流。这种姿态，让人深深敬重。

李政涛：这样温暖平等的交流，真好！

今晚我与大家的对话，就是彼此倾听、相互应答的过程。对我而言，我最大的改变是学会了对实践的倾听，因为有了对实践的敬畏和尊重；对大家而言，可能需要向相反的方向转变，学会对理论的倾听；我们需要的共同的改变，是学会在理论与实践的双向转化、双向滋养中重构自身。

张祖庆：好，再次感谢李教授，也感谢大家。让我们带着对教育的无比虔诚，努力做一个精神上生生不息、绵绵不绝的人。大家晚安！

Chapter 1

每一次疼痛，都是生长的希望——答教师问

你流下的每一滴泪，都可能变成珍珠

祖庆老师：

　　我是一位菜鸟新教师，毕业两年。在师范学院，我算是风云人物。年年奖学金拿一等奖，各项工作都做得风生水起。我满怀着教育理想，走进学校。满以为，我的人生，将是一幅幅美丽的图画。

　　可是，现实给我狠狠的痛击。我接手的班级，非常糟糕，孩子们各种情况都有（恕我不愿意展开细说）。遇到的家长，总体，也还算好，但有那么两三位家长，让我头痛不已。他们会找各种各样的茬，向学校告状，让我下不了台（各种奇葩事儿，恕我不一一列举）。

　　我发现，我在师范院校所学的大部分的教育理论，都派不上用场。我真怀疑，自己是不是教书的料。就拿管理班级来说吧，我发现，其他老师，都能够很快让孩子们安静下来，而我，不知道怎么的，就是很难做到，常常喊破嗓子，也无济于事。

　　我也曾请教身边的有经验的老师，但我发现，他们的经验，我好像不太用得上。

　　我迷茫，我无助。我这个缺乏经验的菜鸟教师，该怎么办？您能帮我出出点子吗？

一个在困境中挣扎的菜鸟教师

2019 年 4 月 1 日

前天，我收到了这样一封来信。相信，大部分职初教师，都会遇到类似的困顿和迷茫。

今天，就借这个机会，和职初教师聊聊如何迈好职业生涯的第一步。

作为一个有着三十年教龄的老教师，以下三句话供新教师们参考。

第一句话：没有经验不可怕，可怕的是不相信经验。

新教师，不受条条框框限制，喜欢创新，这是好事。但创新的同时，往往会好高骛远，怀疑一切。因此，建议新教师在创新之前，先学习基本的常规，坚守基本的规律。任何创新，都需要遵循规律。相信经验，并创造更多更好的新经验，新教师才会不断成长。

新教师在成长中，最忌讳"眼高手低"。看看老教师的做法，总觉得"土得掉渣"，不符合某某教学原理，一脸不屑。

殊不知，教育领域的很多土办法，看起来土，就是管用。管用，就好。有些听起来很前卫的理念，理念再多，不管用，有啥用？

新教师，要快速站稳讲台，"不在云端舞蹈，贴在地面飞行"。只有稳稳地站在地面，你看到的东西，才是真实的。否则，还没有学会站立，就想着如何飞翔，也许，最终连爬都不会。

职初教师，一定要相信经验。所谓经验，就是人在实践基础上获得对客观现实的感性认识，也是对感性经验所进行的概括和总结。经验，虽然有更多直觉的成分，但直觉的东西，往往靠谱。

教育行业的大部分经验，是值得相信的。青年教师，唯有"好低骛远"，相信经验，才能创造更多的新经验，才能走得更远。

第二句话：没有经验不可怕，可怕的是不借鉴经验。

新，意味着经验缺乏，从零起步。这不要紧，只要我们善于借鉴他人的经验，我们依然可以从经验中学习。正如杜威说的："一个人应能利用别人的经验，以弥补个人直接经验的狭隘性，这是教育的一个必要的组成部分。"

因此，新教师要睁大一双眼睛，看老教师是怎么面对一个又一个具体问题的。组建班委、建立制度、安排座位、召开班会、家访、备课……这些，都要认真看，认真听，多询问，及时记，学着做。

职初教师最难搞定的，就是那些活蹦乱跳的熊孩子。常常喊破了嗓子，依然无法让他们安静下来。即便用教棒狠敲讲台，也无济于事。

这个时候，我们可以看看有经验的老教师，是怎么做的。

有些老教师，善于用口令来指挥。不同的口令，就是不同的要求。刚才还活蹦乱跳的皮孩子，在口令面前，忽然变得规规矩矩。这口令，就是规则。

我的老同事 Y 老师，管学生很有一套。无论多顽皮的孩子，只要到他班级里，一下子就规矩了。后来，我了解到，原来，他和学生有个约定，只要老师轻轻地说"同学们"，全部同学立马坐得端端正正。喊了三星期，这口令，就成为他们的条件反射。一听到这声音，孩子们就会本能地坐端正。

这，就是规则的力量。新教师，最需要向老教师学习的，就是看老教师是怎么给学生"做规矩"的。这"做规矩"，说的就是教给孩子规则。

规则到位了，纪律好管了。关于规则教育，特别推荐阅读《优秀是教出来的》（配合电影《热血教师》观看，效果更好）。这本书，将很多规则教育具体化，有很强的操作性。建议职初教师找来读读，一定会很有启发。

其他诸如收作业、晨读、听写、订正、预习、背书等常规，都有一整套细致的规矩。规矩越细，越有操作性，孩子们执行起来，越容易。

职初教师，一定要把工夫花在琐碎的小事上，千万不要以为这些小事太小，而不去研究它。刚从事工作的头几年，把学生管好，让他们遵守规则，就是我们最重要的工作。千万不要连基本的套路都不懂，就急于去研究高大上的"课题"。让学生信服你，让家长信任你，就是你当下最重要的"课题"。否则，你把理论讲得天花乱坠，学生却在教室里乱飞。

职初教师，还要向书籍学习，向优秀的教育电影学习。尤其遇到比较难搞定的班级，可以好好看看《热血教师》《嗝嗝老师》等片子，也许，我们能从中学到很多走近学生、管理学生的好办法。

第三句话：没有经验不可怕，可怕的是不积累经验。

老中医和新手医生的最大区别，不在于医学知识的丰富，而在于医病的实际经验。其实，论医药知识，老中医也许不及刚从医学院毕业出来的高才生。但是，病人就是信任老中医，因为，老中医有经验。

同样的道理，新教师可能在学历档次、学科知识和教育理论上，要高于中老年教师；但中老年教师，有实际的带班经验——这种经验，不一定说得出道道，但就是管用——这就是"缄默的知识"（伽达默尔语）。

新教师要善于从做过的事中积累经验：失败了，认真反思；成功了，及时总结。经验丰富了，你就成了有经验的教师，就能比较妥善地解决教学中的问题。

新教师要准备一本备忘录，坚持每天简要记一件最值得记录的事情——尤其把自己的困惑和遇到的问题记录下来。很多时候，问题，就是研究的课题。记录的时候，要将当时的场景、细节还原出来，并简单写写自己的想法，不要小看这样的日积月累，积少成多，经验即可上升为智慧。

越是让你痛彻心扉的事儿，越要原原本本地记录。不要怕曾经的流泪，你流下的每一滴泪，都可能变成闪光的珍珠；不要怕曾经的疼痛，每

一个疼痛过的地方，都会长得更加壮实。"一根经验的荆棘抵得上忠告的茫茫荒原。"（洛厄尔·坎贝尔语）

每个学期认真写两个教育教学故事，十年后，你就写出了一本很棒的书，你也成了一个有智慧的教师。

"老马不会踩坏犁沟，有经验的人不易把事情做糟。"（俄罗斯谚语）相信经验、借鉴经验、积累经验，年轻教师，就能慢慢成为骨干教师。

燃灯者不会迷路

昨晚，我在邮箱里收到一封信——

张老师：

　　最近很苦恼，所以冒昧给您写这封信。

　　我从 1998 年毕业至今一直是小学语文教师。其实，术有专攻，读师范时本人专业是美术，实习时教数学，踏上岗位后成了语文老师。本是怕自己不适合这个岗位，但是基于对文学的热爱，我专攻了汉语言。工作中，我真的有诸多困惑，不单单只是现在的学生难教了，教材越来越深奥了，很多时候觉得做老师特难，尤其是做小语老师更难。

　　我的困惑一大堆，套用一句流行语，就是"理想很丰满，现实很骨感"。

　　一直以来，我秉承"身正为范，学高为师"理念，想着案头几本书未阅，想着跟教本去旅游，想……可就是诸事纷杂，让本应该沉浸书海提升自我的老师少了更多的内化时间。我仿佛嫁给了教师这个行业，消耗了所有的体力，拖着疲惫的身子，还得当起法官处理班级上的大小案件，因为大部分的小语老师身兼班主任。于是乎，各种比赛都落在了看似和小语无关却和班主任有关的范畴内，科技节、艺术节、体育节等各类活动也开始被摆上案头……

　　我常常在想，教育到底是为了什么？

每天都是忙忙碌碌，比起刚开始工作时，我感觉一年比一年辛苦，工作量一年比一年大，浮躁的心很难调整好……

可怜的 Z 老师
2016 年 11 月 5 日

Z 老师：

读了这封信，我的内心久久不能平静。我无力也无能安慰迷茫中的你，只能和你说些最真实的心里话。

我想，有这样焦虑和迷茫情绪的老师，不只是一个两个，而是一大批。

家长的要求越来越高，学校的杂事越来越多，各方面的压力越来越重。不少一线教师，真的是戴着沉重的镣铐在跳舞。

教师有了苦恼，第一个想到的，就是学校领导在"折磨我"。其实，这年头，当校长也很难。一边要顶着巨大的安全压力，一边要顶着更大的升学排名的压力。至于督导评估啊，各类评优评先啊，校长身上背负的压力，更是常人难以想象的。

只要你和教育沾边，你就和压力在一起。

我的建议是，对学生（学校）发展以及自身发展有价值的事，认真、用心地完成，对学生（学校）发展或个人发展基本没有用或者根本没有用的事，当学会放弃。

时间是个常数，你必须要做出选择。

有些事，你要认认真真全力以赴地去做，比如，你说"对学生，我抓大方向，激发学习兴趣，培养学习能力，少布置作业，给学生阅读和思考的自由时间"，我十分赞赏你的做法，"给学生阅读和思考的自由时间"，这件事，我觉得你做对了。你要坚持下去。哪怕其他事情再忙，学生的阅读都不能丢弃。

如今，唯有小学阶段，学生还有一些自由阅读的时间。到了初中高中，学生基本上告别了阅读。带着学生自由、快乐地阅读，不仅是语文老师的天职，也是你能够获得安宁与充实的一个通道。沉入童书中，童书中的儿童与读童书的儿童，会让你获得心灵的安宁。

你要超脱一点。领导的评价和要求并不是工作的全部。倘若你把学生的发展放在第一位，你便可以豁达地面对一切。

把学生的发展摆在第一位，你就可以掂量轻重，你就可以有所取舍。这样，你便能比较好地处理杂七杂八的事情。也许，你会发现，你比过去要稍微轻松一点。如果你有了一点点时间，这多出来的时间，能用来做什么？

很简单，做自己喜欢的事。

喜欢读书，坚持每天读上十五分钟，每年，可以精读十本书；

喜欢音乐，让自己沉浸在美好旋律中，让音符洗涤你的灵魂；

喜欢写作，你可以写写心情随笔，让文字记录你的喜怒哀乐；

喜欢旅游，周末约好友外出走走，纵情山水，把烦恼抛身后。

……

当然，如果你对教育还有理想，你希望自己在某个领域有所作为，还可以选一个真正值得研究的课题，沉下心来，好好做。

每个人，都是他人的环境。从自己做起，做一个点燃自己也带给别人光亮的人。哪怕是一星烛光，也足以照耀自我，以及你身边的人。什么都不做，光是潜心读书，读一些精神明亮的书，和智者对话，也许你可以暂时从逼仄的环境中抽离出来，你的精神世界，也会慢慢地明亮起来。

眼睛盯着黑暗，世界便到处黑暗；多看看明亮的东西，也许，世界也就明亮起来。

正如稻盛和夫说的，人分为三种：不燃，可燃，自燃。作为教师，我们燃烧自己，不是为了毁灭，而是为了点亮自己。

燃灯者不会迷路。

张老师

2016 年 11 月 6 日

灵魂被触痛，生长便开始

T 老师：

收到了你两个星期前发我的邮件。近来事情特别多，拖到今天才给你回复。实在抱歉。

你说你最近很迷茫。

教书前八年，你基本上是浑浑噩噩过日子。浑浑噩噩的日子里，你也似乎不太感觉到疼痛。

而最近，你发现自己读了大量的书，文章也发表了好几篇，与一群志同道合的朋友，通过微信群、QQ 群，相互激励，相互成长。你找到了飞跃的感觉。但是，你却发现，身边的人，看你的眼光，总是怪怪的。常常，你会听到他们的讽刺、挖苦。你说，你的心很痛。难道，成长有错？

你还说，在公开课上，常常会遇到不如意的学生。一个精彩的设计，常常因为学生的问题，而得不到展示，常常在不如意的课前面，有一种挫败感。这，也让你的心疼痛。公开课，就那么难上？

想对你说，疼痛是个好东西，它会随时提醒你身体的存在、心灵的存在。身体疼痛了，让你更加珍惜自己；心灵疼痛了，生长便开始。

回顾我的成长史，身体的疼痛，大大小小，不计其数，大部分，都忘了。然而，心灵的巨大疼痛，却历久弥新，长久地伴随自己。

和你说说往事吧——

1

那是我在海岛教书的第二个年头。

那一年，我参加了温岭市教育局和教育工会联合举办的"三学三比"——比师德、比业务、比贡献。三十五周岁内的教师，经过层层选拔，赛出冒尖的老师。

我所在的龙门乡，是个小乡，教师本来就少。于是，我被推出参加县里所有比赛。

没想，三个小项目的比赛，我居然获得了让自己都吃惊的成绩！评课第一名，写教案第一名，上课，二等奖。总分全县第一！

着实让人兴奋。

按照活动计划，这个比赛还要颁发综合大奖——十佳青年。我想，小学语文是大学科，总分第一名，一定是榜上有名的。

表彰会那一天，我穿上自己认为最体面的衣服，激动地走向城关镇青少年宫，找了第一排位置，貌似淡定地坐下，等待伟大时刻的到来。

主席台正中，摆着十台双卡座录音机——那个年代，一台双卡座录音机，大概比今天的苹果电脑更珍贵。

主持人开始宣布获奖名单——

第一个，不是我。

第二个，不是我。

第三个，不是我。

……

第九个，不是我。

第十个，该是我了吧？

依然不是！

13

小学语文组总分排名第二、第三的，都获得了"十佳青年"；我，第一名，名落孙山。

为什么？为什么？为什么？

心，开始疼痛；痛，无人可说。

眼睁睁地看着十佳青年们，一脸自豪地把那台本该属于我的双卡座领走了。

心，更痛了。

贴着墙根，趁大家目光都聚焦台上，溜！

回到家，默默流泪。娘问我，我不说话，继续流泪。

回单位，还是不明白问题出在哪里。于是，鼓起勇气打电话问县教育局政教科的姜老师。

姜老师告诉我："这次活动，不仅比业务，还要比师德、比贡献。你在业务这块上，确实很优秀，但综合考虑，我们还是把你拿下来了。主要是因为，我们到你学校做民意测验时，群众反映，你上进心太强了！"

啥？！上进心太强了，是被刷掉的原因？

"是这样的，1991年10月，你当教导主任的第一年，县里有一个论文评比，你们乡被分配到三个名额。结果，语文、数学、品德，三篇文章，署名都是你。有人说，这是利用职务之便，为自己牟取私利。再说，你连数学都没教过，却写了一篇一等奖的数学论文。这……"

原来如此！百口莫辩！那个时候的海岛教师不愿意写论文。快要交论文了，还是没人写。于是我写出了三篇论文……

这事深深地刺痛了我。我被戴了顶急功近利、高傲自私的帽子。且，这顶帽子伴随我很多年，很多年……

心口很疼，岁月，给了它一个创可贴。

情绪平复，擦干眼泪，继续前行。

此后，我有意放慢脚步。渐渐地，伤口愈合了。伤过的地方，留下疤痕，长出智慧。

我的故事，是否可以带给你一些启发？

其实，生长并无错，但不能只顾生长，而忘记身边的土壤。

年少轻狂，人往往急于出人头地，一个劲儿地往上长，往前冲，总希望整个世界，都对自己微笑；整个世界，都要向自己竖起大拇指。甚至，一意孤行，不撞南墙不回头。

其实，所有的墙，都是来修炼你的。撞墙的结果，要么头破血流，倒在墙下；要么破墙而出，头破血流。

不是所有的一意孤行，都叫执着。很多时候，我们不需要把他人的评判当路标。但是，好多人都觉得你不对劲的时候，你的一意孤行，往往就是愚蠢。

在成长的路途中，我们是否该检讨一下自己：是否，我太注重自身的发展，忽视了同事的感受？是否，我走得太快，忘记把我的学生带上？是否，我因为长得太快，而忽略了身边的朋友、亲人……

有时候，痛，不是坏事。灵魂被触痛，生长便开始。

2

再来和你说另一件往事吧。

2010 年 10 月，我遇见了一场更大的疼痛。那是在大庭广众之下的疼痛。

我参加了在济南举办的近千人的教学观摩活动。因之前比较成功地演绎了红色经典老课文《狼牙山五壮士》，我不假思索地报了这节课。

此课很难上，我特意告诉主办方：第一，学生得是五年级的班级，不要用多个班级组合的"混搭班"；第二，学生得预习，课文必须读五遍以上；第三，学生得事先观看电影《狼牙山五壮士》，深入了解时代背景。

上课前，我发现不对劲，学生只有十来人。

问主办方，怎么回事？

他们告诉我，原先答应的学校，怕出安全问题，不让学生来上课。临时约一个培训机构，找了三至五年级都有的学生。

"预习过吗？"

"哪有啊，早上刚从培训机构把学生接过来的。"

完了！悲剧要上演了！

可是，箭在弦上，不得不发。近千老师在台下坐着呢！

硬着头皮，按着预定的计划。上！

于是，我开始了配乐范读。

我读得很动情，

学生表情木然。

我开始按要求检查预习，

学生表情木然。

我开始整体感知，

学生表情木然。

我一段一段地讲读，

学生表情木然。

自始至终，

老师们表情木然。

上完了，

我表情木然。

带上电脑包。飞也似，表情木然地，逃！

至今想来，痛不欲生。

问题，出在哪里？

当初，我把所有责任推到主办方那里，总觉得，是他们临时换人，才导致我的尴尬。可事实上，最终的责任，还是在我这里。

课前，我明明已经知道了真实的学情，却依然抱着精心设计的教案不放，把这些临时组合的学生，当作已经预习的原班人马。这怎能不出问题？

我口口声声说，教学要以生为本。可，真正真实的学生坐在我的课堂上，我的眼睛里却只有教案。我按照自己的预设，按部就班地执行教案。不出问题，才怪！

其根本的原因，是所谓"师道尊严"在作祟。总以为，自己是主办方邀请来的"名师"，总得演绎与众不同的课。于是，不肯放下身段，不肯根据实际学情改变教学目标和教学方法。

事实上，那节课，对孩子们来说，我是在活生生地浪费他们的时间！现在想来，与其讲一大串他们听不懂的话，还不如老老实实地带着他们读书，教教生字词语，选择简单的几个点，讲一讲，就够了。也许，这样的课，不好看，但是，学生有进步啊！学生的进步，才是王道。可是，常常，我们总是把老师们是否欢迎，当作了公开课的唯一目标。

这件事，深深地刺激了我。我下决心，今后上课，要把学生摆在第一，尽力做到：从学情出发，顺学而导。

有一回，在昆明上课，我上《好玩的真人橡皮泥》。结果，我发现全班学生，都有我的课堂实录，是他们老师打印给他们的。于是，我当场换了一节新课。

这，就是从学情出发，顺学而导。

有一回，在济南上课，我上《神奇飞书》。结果，课上到一半，舞台忽然断电，课件停播，话筒失声，台上漆黑。于是，我让孩子离开座位，来到舞台边缘，席地而坐，让他们用自己的"原音"，大声喊话。孩子们欲罢不能，课上得意外精彩。

这，就是从学情出发，顺学而导。

有一回，我在长春上课，我上《灵犬来茜》。结果，老师把不该预习的任务，让学生预习了，本该是猜测的内容，孩子都知道了答案，孩子们甚至看过电影。于是，我把需要猜测的环节，换成了"尝试回忆——二次阅读"。课，就这样柳暗花明。

这，就是从学情出发，顺学而导。

......

现在，我能够比较从容地面对任何意外。不是我有多高明，而是，我把一切"无常"当作了"正常"。无常，是生命的真相。课堂上，发生的任何意外，都不是意外。只要我们以平常心待之，不去刻意追求精彩，随遇而安，淡然处之，一切，顺理成章。

这份淡定和从容，就是从当初那节课上修炼来的。这，就是在疼痛处生长。

灵魂被触痛，生长便开始。

希望我的自言自语，带给你些许启发。

顺致

教安

你的朋友　张祖庆

2017 年 6 月 9 日

"为什么我这么努力，还是有人和我过不去"

1

今天，收到了 Z 老师的来信。

Z 老师是学校的中流砥柱，学习勤奋，工作认真。关注她的朋友圈两年了，她坚持每天阅读半小时，每天在微信里打卡。书，被画成大花脸；字里行间，游着很多"小蝌蚪"。两年间，她用心读了六七十本书。

这样的老师，属于珍稀物种。难得。

Z 老师担任学校中层，兼教两个班的语文。繁忙工作之余，她带着自己班孩子坚持大量阅读，也带动了学校其他老师。整所学校的学生在她的带领和影响下，成绩稳中有升，算是当地翘楚。

一个月前，她告诉我，有家长举报她——而且，据说是举报到校长那里——毕业班不好好带学生应对考试，却擅自搞课本以外的东西，加重学生和家长负担！

"张老师，你说我得罪了谁？为什么我那么努力，却总是有人要和我过不去？"

……

2

读完 Z 老师的信，我陷入了沉思。

说实话，我无法安慰，也无力安慰她。

这样的困惑，大概很多人都会遇到。

工作很努力，干得很出色，成绩也有目共睹，自以为问心无愧，上对得起天，下对得起地，中间对得起良心。然而，却常常莫名其妙地飞来冷箭，让你防不胜防。

我无法解答 Z 老师的困惑。因为我也遇到过，我也困惑过。我只能试着写点零思碎想，与 Z 老师共勉。

3

嘴巴，用来吃饭的时间，只是一天当中的二十四分之一。

空下来的时间干吗？

反正闲着，聊八卦新闻呗！

聊八卦新闻，是人的天性。

聊八卦新闻，满足了人的窥探欲和表达欲。

那为什么不聊平常人，要聊名人？

因为他是名人啊！谁让他那么出名？既然你出名，你就得被我们聊呀！出名的代价，就是你的一举一动一言一行都会有人关注、有人议论。你是名人，你的隐私，就可能被无限放大。

这就是出名的代价！

一个人如此，一个团队也是如此。

我想，你遭举报，也许有两种情况。

一种是其他学校嫉妒你们，以家长的名义举报；另一种是家长不理解你们的行为，以为你们加重了他们的负担，于是举报。

第一种情况，可能是这样的——

你们学校干得风生水起，成了出头鸟，于是，成了靶子。

你什么都不干，自然，不会有人说你了。

事实上，被人议论和嫉妒，恰恰是做得出色的标志（当然，太出格的行为，也会被人议论，你的情况当是第一种，我猜）。

谁愿意去议论一匹死马？只有跑得快的马儿，才会被其他马儿羡慕嫉妒恨。

"你看，这匹马毛色真难看！"

"你看，这匹马长得这么瘦，丑死了！"

"你看，这匹马，靠的是投机取巧，要不是别的马发挥不好，它不一定能跑在最前头。"

……

如果马儿计较这些，那么，也许它就再也不奔跑了。

《人性的弱点》第二章《平安快乐的要诀》第14篇的核心观点是：批评他人是一种自我满足。

哲学家叔本华说过："小人常为伟人的缺点或过失而得意。"

如果你被批评，请记住，那是因为批评你会给他一种满足感。这说明你是有成就的，而且引人注意。

哲学家唐君毅在《人生体验之续编》一书中，对这个问题有深入的阐述——

　　过去中国民间普遍流传一讲世故的书，名《增广贤文》。其中有两句话："谁人背后无人说？哪个人前不说人。"此二句话之语气中，包含一讽刺与感叹。但这是一个事实。人通常是依他自己的是非标准，而撒下他的毁誉之网，去囊括他人；而每一人，又为无数他人之毁誉之网所囊括。一人在台上演讲，台下有一百听众，即可有一百个毁誉之网，将套在此讲演者之头上。一本书出版，有一千读者，即可有一千个毁誉之网，套在此书作者之头上。一人名满天下，他即存在于天下一切人之是非毁誉之中。而一个历史上的人物，他即永远存在于后代无限的人之是非毁誉之中。

哲学家的话，有没有让你豁然开朗呢？

4

第二种情况，可能是你与家长的沟通出了问题。

毕业班家长非常看重成绩，可以理解。所以，班级考试成绩不能太糟糕，如果短期内无法大幅度提高学生的成绩，也要让家长感受到你所做的一切，用意是在帮助孩子提高成绩。得到家长的信任和支持，才能更好地开展一切教育教学改革。

从长远来看，阅读可以提高分数，主要是因为阅读提高了孩子的思考力、表达力和学习力。但家长可能心很急，总觉得做阅读无法在短时间内提升孩子成绩。所以，在做阅读的同时，该背的要背，该写的要写，高效学习，关注每一个孩子的进步，才能赢得家长的全方位支持。

家长都很现实。毕业班只能在确保分数的前提下，兼顾大量阅读。有的孩子需要特别的关注，就花时间帮助孩子，先提高他的成绩再说；有的孩子可以走得更远，我们可以把更多好书带给他们。

一厢情愿，并非每个人都领情哦。

你也曾说过，做阅读，班级孩子成绩并没有下降，而是提高了。这让我很欣慰，你可以把事实亮出来！通过开家长会，给家长写信等途径，求得他们的理解支持。

当然，并非每一个人都能理解我们的教育理念，教育者也无须得到每个人的理解。做对孩子有意义的事儿，做对孩子未来发展（包括提高成绩）有帮助的事儿，即可！

总之，我们要不断提高专业技能，不断反思与家长沟通的技巧。有些事，把工作做在前，未雨绸缪，防患于未然，也许要比出了事情、费力解释更有效。

尽量把好事做好，反求诸己，完善自我，减少负能量带来的毁灭性。

负面情绪的毁灭性，常常被我们低估。

5

当然，如果认定自己做的是对的，就继续朝前走。只要我们没有存心占别人的道，只要没有让别人无路可走，就不要在意身边的杂音。

"莫听穿林打叶声，何妨吟啸且徐行。"只要我们的初心是对的，别人怎么看我们，怎么说我们，是别人的事。

我们无法管住别人的嘴，但可以管住自己的心。

忽然想起一个故事，抄在这里，和你分享——

一位女士对牧师说："我今后再也不会去教会了。"

牧师问她："请问为什么？"

女士说："在服事期间，我看到有些人在用手机，有些人在说闲话，这些人都是伪善者。"

牧师认真地想了想，说："在你做出最后决定之前，我可以请求你为我做点什么吗？"

女士说："做什么事呢？"

牧师说："倒一杯水，在教堂周围走两圈，不要让水滴下来。"

女士觉得难度太低了，就接受了牧师的请求。女士很专注地走一圈回来，牧师问了她三个问题："你有没有看到有人在用电话？有没有看到有人说闲话？有人犯错了吗？"

女士回答："我什么也没有看，因为我专注于这个玻璃杯，以避免水滴出来。"

牧师告诉她："你来到教会，应该专注于上帝，这样你就不会被人们绊倒。"

这世界上，那么多有价值的事可以做，那么多优美的音乐可以听，那么多绮丽的风景可以看，为什么我们要把注意力集中到别人的议论上呢？

平生不做亏心事，何惧夜半鬼敲门！

哪个优秀的人，背后没有遭受过冷箭？！

射冷箭的人，躲在背后，目的就是要激怒你。你越在意，他越得意。

一生气，你就输了！

心平气和地拔掉冷箭，继续优雅地往前走。至于他是否继续射冷箭，那是他的事！

如果你不在意，每一箭都会射在他自己心上！

李敖在不少场合骂余光中，余光中从不回应。有人问余光中，你为什么这么孬种？

余光中说，他常常骂我，说明他离不开我；我不回应他，说明我可以没有他！

好潇洒的回应！

不理会，就是最好的理会。

也许，你会说，就这样被他继续举报，不还击？

哈，很简单啊！让领导来调查。如果你真的坦荡荡的话，领导来调查，正好能把问题搞清楚。

君子坦荡荡，小人长戚戚。

当然，并不是说，我们不怕别人诽谤不怕别人嫉妒不怕别人陷害，就可以我行我素洒脱不羁特立独行。

该遵守的处事原则，还是要遵守；

该遵循的公共守则，还是要遵循；

该坚持的核心价值，还是要坚持。

除此，继续潇洒地往前走吧。

竹杖芒鞋轻胜马，谁怕？一蓑烟雨任平生。

致每一个因开学而彻夜难眠的你

这两天，我陆续收到了几条年轻教师的求助短信。他们告诉我，几乎整晚睡不着觉，彻夜难眠的滋味，真不好！

他们的问题都很大，三言两语无法说清；他们的问题很普遍、很重要，有很多话，我不吐不快。

于是，我自告奋勇当一回"知心姐姐"，隐去他们的名字，将此作为公开信，在这里回复。此信，也供有类似焦虑的老师们参考。

先看第一位 Y 老师的焦虑与困惑。

> 张老师，您好！久未联系，冒昧打扰了。
>
> 我这学期将去山区支教，支教于某某省某某市某某县某某镇某小学，教五年级语文。这几天因为身体不适手术住院，无法去上课，预计下周才能到校。
>
> 已从先去的支教班主任那里了解到，班级共43人，基础很差，上学期四年级语文期末考试平均分大概50分不到，大部分学生仍然无法拼读，看着拼音也无法正常读。之前几天，由于无法上课，我与班主任商量播放并布置了看《开学第一课》有感的写作（据了解学校以前从来不看这个，只要镇上没有要求就无所谓），但绝大多数学生写作文以凑字数为主。布置抄写第一课生词，大部分学生也有困难，抄写第一遍尚能照猫画虎，后面则是四不像。去学校后，我准备一面上五年级的课，一面查缺补漏。

学校今天才排出课表，没有老师可以代课。我现在的问题是：第一，我这几天的语文课暂时都改成了自习，如何布置一些合适的作业？第二，到校后，如何处理好"上新课"和"还旧账"的工作？

我现在还在病榻之上，之前也去过很多村小调研，这些情况基本在我意料之中，但仍然为学生的情况感到万分焦虑。语文学习自然非一日之功可以成，但总想进一步是一步。盼复！

先对 Y 老师提以下几点建议：

第一，先安心养病，早睡早起，争取早日康复。不然，你越焦虑，越不利于身体康复。"带病坚持上课"不值得提倡。你想，身体都搞垮了，你怎么继续教书育人？再者，拖着病恹恹的身体，怎么能教好学生？有病趁早医，有病认真医，这是一个老师爱自己也是爱学生的表现。你的家人和孩子们，都需要一个健健康康的你，而不是病倒的你。也奉劝相关教育局和媒体，不要宣传带病坚持上课的老师。有病认真医，才是真正的好老师！

第二，放慢脚步，从最基础的东西开始补起。孩子拼读没掌握，你干脆放慢节奏，花两星期时间，把基本的拼读规则好好地教一遍，争取人人过关。孩子到了五年级，学拼音，应该比一年级的时候要容易得多。干脆把功课停下来，把一年级的教科书复印下来，让孩子们拼读过关。你不要担心你的功课跟不上别的班级——其实，那样不顾基础，硬着头皮赶进度，孩子们根本不懂你在课堂上讲什么，才是真正的浪费时间、浪费生命。"磨刀不误砍柴工"的理儿，你应该懂。

第三，教得浅一点，再浅一点，努力让孩子每天都有进步。基础这么差，你得只教他们必须掌握的内容。难一点的，可以先扔在一边。把基础打实，把那些考试的东西教扎实，这有助于孩子建立学习自信心。切记，千万别在孩子面前说他们差，每个孩子都渴望进步，要不断创造成功的机会，让他们享受学习的幸福。苏霍姆林斯基曾说过："教师无意间的一句话，可以造就一个天才，也可以毁灭一个天才"；"教育技巧的全部诀窍就在于抓住儿童的这种上进心，这种道德上的自勉。要是儿童自己不求上进，不知自勉，任何教育者就都不能在他的身上培养出好的品质。只有在集体和教师首先看到儿童优点的那些地方，儿童才会产生上进心"。教师要努力在教学过程中，激发儿童的自信心、上进心。

第四，树立典型，点上突破。一个班级，不可能每个人都很差。再差的班级，也会有一两个尖子。老师要利用一切资源，让那些尖子生冒出来。比如，你用心辅导几个孩子写作，执着地向各学生作文杂志投稿。一旦班级里有孩子作文发表，这个班的孩子，会比中了一百万彩票还兴奋。而且，最好你先重点辅导几个中等偏上的孩子，他们的作品发表，对那些优等生和后进生，都是一种刺激。把中等生变成"鲶鱼"，好戏就开场了！

第五，坚持大声朗读给班里的孩子听。选择几本好玩的书，每天坚持读书十五分钟给孩子们听，读到最好玩的地方，故意停下来，把书放在班级里，慢慢地，孩子们就会自己去读。你只要继续把好书放在班级里，他们就会不自觉地看起书来。要无限地相信阅读的力量！《罗伯特的三次报复行动》《晴天有时下猪》，这些书，都很好玩。

第六，等孩子阅读量跟上来，再辅以适当的应试训练，也许考试成绩也会慢慢跟上来。

第七，建议你找来去年的卷子，认真分析，究竟问题出在哪里，平时教学过程中，有意识地加强。

第八，这几天班里孩子没人带，我建议让他们认真看书或者听有声读物——喜马拉雅App里面有很多有声儿童读物，都不错，让孩子们安静地听，也是一种语文学习。你打个电话，让数学老师协助一下。再物色好几个小助手，让他们认真管理。

最关键，你要尽快好起来啊！

下面，再来看第二位重度焦虑的 H 老师的求助——

张老师您好，利用学生午睡的时间给您写这样的一封短信，想说一说心中的疑惑。

课程标准有着明确的规定，每个阶段有每个阶段的学习目标，不应拔高，因为它更适合该段孩子的心理特征和思维水平。看诸多名师的文章也对语文学习做出过一些更为人文性的解释。我认为语文是一种修养、一种文化、一种情怀，若是以刷题来衡量语文水平，或以分数高低来判定孩子的优劣、能力的高低，我真的不敢苟同。

我喜欢看孩子们期盼阅读的眼神，喜欢听课堂上那稚嫩却又散发着思维光亮的发言，我喜欢看他们辩论时的激烈。我一直觉得语文首先是爱，而不是分数，因此我的班级孩子们学语文是轻松的，没有严格的答题套路与公式，我更不可能过早拔高要求。

然而，随着我班一位中上等水平的孩子的转学，我对我的教法产生了怀疑。我不懂，二年级的孩子就必须要学会概括文章的主题思想，能够写出长达五六百字的作文，就要开始赏析句子或文段的写作手法吗？达不到这种水平就是差生，这样真的合适吗？如果这样机械地操作，何来快乐？怎么能够领略语文课本所传递的味道？语文本身就是感性的，学语文最终的目的应该是表达吧，那么我该怎么教？我感觉自己不会了。

这位老师提出的问题，还是跟考试有关——

我想先做这么几点回答：

第一，你讲的语文观，我都认同，我也一直是这么做的。很多时候，我们明明知道，应试那一套，不是语文。但你不得不承认，必要的应试规范、应试套路，还是需要的。否则，我们会很难堪、很尴尬。家长不信任，同事看不起，情怀和理想有啥用啊?!

第二，集中一段时间（主要是指期末复习的时候），严格按照应试套路，怎么能提分怎么来，这是我们无奈的妥协。改变不了环境，只能在坚守价值信念的前提下，改变自己、委曲求全。格局，是用委屈撑大的；空间和平台，是靠不屈不挠的信念撑出来的！

第三，是不是必须得委屈到底，放弃原则? 非也! 一学期里，总有一段时间，我们是不需要考试的! 那么，在不考试的这段时间里，我们认真地按照课程标准的要求，把该做的做好，认真教好教科书，认真完成基础的东西，不拔高、不降低、教扎实。腾出更多时间，带着孩子们大量阅读、创意写作。慢慢地，你会发现，孩子们可能带给我们很多惊喜。有些时候，功夫在课外。真的! 要坚定地相信! 我的徒弟小杨老师，曾经带着她的三年级学生读了一个半月《妖精的小孩》，让孩子续写，结果，由于读得投入，指导得法，居然人均写出了1500多字充满创意的作文! 最多的，竟然写到了4000多字! 你看，一旦我们放轻松，最大限度地激活孩子主动学语文的潜能，一切，都不是问题。

总结一下：坚持标准、打实基础；大量阅读，轻松写作；研究考试，轻松应答。一切搞定!

最后，就开学焦虑症这个问题，谈点自己的想法。

第一，我觉得患有"开学焦虑症"，是一个教师有责任心的表现。但凡稍有责任心的老师，都会患上"开学焦虑症"，只不过轻重不一样而已。人，在什么时候最焦虑? 面临大事的时候! 因此，你焦虑，说明你把这学期的教书工作，当作大事。这，恰恰说明，你是一个有很强责任心的老师。这，也是当好老师的最基本的条件。我以为，在诸多品质当中，责任心，是一个老师最基础也是最重要的。有了责任心，很多问题便可以迎刃而解。恭喜那些重度焦虑的老师们，你们，是最有希望成为卓越教师的群体。

第二，与其在焦虑中寝食难安，不如把让自己最焦虑的问题一个一个列出来，并试着制定切实有效的方案，破解它们。相信，办法总比困难多。有两部电影——《热血教师》《嗝嗝老师》，我们不妨去重温一下，也许，你会发现，这两部电影中的那些学生，比我们遇到的更难应对。多看几遍，认真研究，发现并提炼电影中两位老师的教育智慧，并在自己班级里试试看。请不要说那是艺术！艺术，源于真实。《热血教师》一片，就是由真实故事改编的。对了，《优秀是教出来的》这本书（《热血教师》原型故事），也许可以帮助很多焦虑的老师，搞定熊孩子，激发熊孩子。

第三，焦虑的时候，多问问身边那些有经验的智慧教师。教书这件事，经验很重要。你不得不承认，你搞不定的事情，那些有经验的教师，三两下就搞定了。要勤学多问，遇事多请教。与其出了问题焦头烂额，不如遇事之前先求助。多看、多问、多琢磨，慢慢地，也许我们便找到了门道。

第四，适当读点心理学、教育学相关书籍，潜心研究儿童，用心理学、教育学的原理，指导自己的工作，少走弯路，让自己的工作更有专业底气。

最后，想跟你说，每一个让你彻夜难眠的焦虑，都是上天来修炼你的。努力让自己从焦虑中走出来，你便成了某方面的专家。焦虑，是催你成长的沃土和肥料。面对各种各样的焦虑，我们要有阿Q精神，要善于用"精神胜利法"调适自我。即便失败了，也不要紧，把事情原原本本记录下来，用文字还原痛彻心扉的故事场景和细节。所有让你痛不欲生的往事，都是成长的维生素C（当然，维生素多了，也有毒，所以要减少痛不欲生的次数，哈哈）。跌倒了，不可怕，在跌倒的地方，抓起一把沙子，放在岁月的蚌壳里，一定会成为熠熠闪光的珍珠。指不定哪一天，你能用这些素材写出一部很棒的儿童成长小说。生活，永远比小说鲜活。拿起笔，用心记录我们的每一天，痛并快乐着，也许，你会发现，焦虑中，我们慢慢成长！

祝每一位重度焦虑的老师，早日长成参天大树！

你的朋友　张祖庆

2019 年 9 月 5 日

真正的研究，是不需要盖章认可的

H 老师：

　　你说你最近一直在尝试着做一项很有价值的研究，孩子们很喜欢你这样的尝试，你也看到了孩子们的进步，于是，你萌生了把这个尝试变成课题的想法。你尝试着写了一个课题方案，你们学区主管科研的领导，看了之后，觉得方向不错，但是在提法上可能不够新颖或者亮眼，让你修改、斟酌，如果改得好，盖个章，推荐你立项。可是，你怎么都想不好如何调整，于是求助于我。

　　第一，我为你的研究热情而欣慰。在这个拜金时代，沉下来研究自己专业的人，已是凤毛麟角。你能够坚守讲坛，为孩子着想，做一些真正的尝试和研究，这是难能可贵的。如果你能够按照主管领导的意见修改，让自己的课题立项，那也是一件可喜可贺的事。

　　第二，我想说，你要从功利中适度超脱出来。教育，要以非功利为核心，适当兼顾功利——毕竟，人生在世我们无法免俗。申报课题本没错，但要看我们申报的主要目的是什么。如果仅仅是把立项当作目标，那就是买椟还珠。立了项，不一定是真研究；没立项，不一定就研究不出什么成果。我当年带班的时候，给每个学生写生日祝福诗，带着孩子们读大量的儿童文学作品，每天给孩子们写博文，化成孩子们的粉丝在他们的博客里跟帖，把大量时间花在这些琐事上。这点点滴滴，我没有申报任何课题，没有立什么项。但我觉得，这是一种"接地气"的田野研究，这是一种真正有价值的尝试。我和孩子们在快乐中收获着。这，难道不比立项更有价值吗？

　　我希望你潜心于自己的研究，不跟风，不盲从，不浮躁，从身边的小问题开始，实实在在地搞真研究。用三到五年时间，解决一个小问题，你就完成了一项了不起的课题。持续做下去，你必定成为这个领域真正的专家。

　　真正的研究，是不需要盖章认可的。当然，你真研究了，有人给你盖章认可，获个奖项，上上下下，皆大欢喜，也是一件锦上添花的事。

　　总之，我希望你可以成为少数搞真研究的人，用自己的方式，创造职业生命的奇迹。

　　奇迹，从来属于少数甘于寂寞的人。

你的朋友　张祖庆

2008 年 10 月 5 日

别让你的脚步绊倒自己

1

这天，我的微信后台，收到了署名"快乐吧"的教师朋友的留言——

我是一名研究作文十余年的英语老师。但就因为我的这一身份，我潜心研究十多年的成果，得不到肯定。

毕业初我被分到农村当班主任教语文、数学。当时的我发现了学生们不会写作文的现象。2002年我以语文老师的身份，在乡里出了两节作文活动课，反响很好。2004年，因为工作需要加上专业原因，我成了一名英语老师——一名在市里都有名的英语老师。

在这十多年里，我一直没有停下研究作文的脚步。只要见到有"作文"二字的书，我总是爱不释手。学校图书馆里李吉林、常青、苏霍姆林斯基的书我反复研读，为了学习我还研究了各个版本的作文教材——《旭日弘文》《小桔灯》《直映作文》等十余版，甚至买了两套美国作文教材。我每天四点起来，看各种作文讲座，一字一字把视频里的内容记录下来。实践出真知，为了检验效果，我主动担任了"作文社团"的辅导老师。在反复的实践中，在学生的反馈中，作文教学这个老朋友的样子慢慢在我的脑海里愈加清晰了。

2013年，社团里孩子的进步很大，校长让我给同事们介绍经验。

以"同类阅读"为基础，以"应用积累"为基石，以"观察"为依托的"表达"序列训练作文模式在我校开始生根了。也是那时起，我尝试让孩子们观察电影写作文。2014年，我县开始探索教学模式，校长诚邀进修学校的领导到我校考察作文模式。

谁能想到我的作文之路就因为我是英语老师而停滞了。"语文老师都没研究作文，一个英语老师凑什么热闹。"

读着这条留言，我想起了朋友王小庆。

小庆原本是杭州拱墅区一所中学的英语老师。认识他，是在17年前。那时，我在杭州市拱宸桥小学教书，校长是著名特级教师王崧舟先生。

2005年，我担任教科室主任，区里让我们学校搞一次校本研修。我让老师们观摩王崧舟先生的《长相思》一课，并请老师们就这节课，谈谈自己的想法。

活动结束，过来一个年纪和我相仿的男子。他说，张老师，你可否给我王崧舟先生这课的光盘，我回去好好学习。我给他复刻了一个盘子，临了，他告诉我，他叫王小庆，是北苑中学英语老师、教科室主任。

大约半个月后，我差不多把这事忘了。这天，邮箱里冒出一篇《长相思》的课评，近5000字，洋洋洒洒。我反复读了四五遍，不禁对小庆老师肃然起敬。一个英语老师，对语文的认识如此深刻，见解如此独到。难能可贵的是，他没有对崧舟先生的课一味崇拜，而是提出了颇为尖锐的异见。

高人！

此后，我和小庆来往多起来。他似乎对语文的研究兴趣也越来越浓厚，六七年间，评过王崧舟先生多节课。王崧舟先生多次对人提起，他的课，数小庆评得最到位。后来，小庆先后评过周益民等不少朋友的课，朋友们都以能被他评课为荣——我的课，也被他评过一次，嘿嘿。后来，他把课评结集出版，书名《带着思想去评课》，在圈内口碑颇佳。

后来，我有机会到小庆家小坐，看到他的书房，才明白，他对语文的独到见解，源于他广博的阅读积累和独立求索的精神。现象学、解释学、存在主义哲学、语言学、诗歌，是他涉猎最广的领域，令人叹为观止。

其实，小庆也是个优秀的英语老师，他编写、翻译的多本英语工具书和读本，不少在出版十余年后依然热销。他之所以能跨界发展，是因为他的阅读力、思考力和专注力。

小庆老师的文才，在语文界出了名，区里也渐渐重视起他来。后来，他被调到区教研室，从事新教师培养和内刊编辑工作，两块工作都做得风生水起。他执行主编的杂志，办刊水平甚至超过了不少省级专业刊。

后来，小庆老师频频出现在各类高端论坛，常常发表精彩见解。再后来，源创一品的吴法源先生找到了小庆，把他挖到源创一品文化传播有限公司。再后来，他从事了培训事业。

小庆说，离开教育，他反而离教育更近了。

我信。

2

比较"快乐吧"和小庆老师，我们不难发现，他俩有很多相似之处。

起步于英语，却对语文情有独钟，他们都是不安分的人。

所不同的是，小庆老师特立独行，坚持做自己，他走出了自己的路；"快乐吧"老师，纠结太多，太在乎"上面"的相关人士。一旦被否定，就迷茫。

问题在哪里？关键，还在于自身。

如果把得到上级认同作为前进的唯一动力，那是很危险的。反过来，如果不是看领导眼色行事，而是"咬定青山不放松"，持续研究，那么，我们的出路便有多条：通过自己所教的学生，来证明自己；通过发表的高质量论文，来证明自己。真正做出了成绩，没有人可以掩盖你的光芒。

当然，"快乐吧"老师的问题，还可能在于坐在两把椅子上，没有锁定自己的主攻目标。

你在英语领域做得很好，你可以持续研究英语，成为这方面的大专家。相信，以你研究语文的热情和恒心，你一定会在英语教学上更有作为。当然，如果你觉得语文教学对你的价值更大，能有更大的作为，那么，你不妨向校长提出改教语文。你可以用自己带班的实绩，向怀疑你的人证明自己。

当然，这需要你有破釜沉舟的勇气。

在领导没有答应之前，你可以"暗度陈仓"，在教好英语的同时，继续研究作文，不断在刊物上发表你的研究成果；等到你的身份明朗化了，再甩开膀子，好好干！

一旦你真的有能力，谁都挡不住你；阻挡你前进步伐的人，唯有你自己。

3

最近，读到一个绘本故事，叫《爱音乐的马可》。大概情节如下——

马可喜欢音乐，他尝试各种乐器，他每天练习各种乐器。爸爸嫌吵，邻居也抱怨，但马可仍然喜欢音乐、持续练习。有一天，马可突然不再演奏乐器了，因为他觉得"没心情练了"。幸亏马可的妈妈不逼迫、不催问、耐心等待，原来抱怨的动物朋友也陪伴着他，期待再听到他演奏的乐音……终于，马可又找回了对音乐的热爱。大家都加入了演奏！

听了这个故事，不知"快乐吧"老师有什么新的想法？

其实，每个人都是马可。是人，总会有一些特别的爱好甚至"癖好"。有些"癖好"不合常理，常常得不到别人的认可，甚至，会有一些人对你冷嘲热讽。如果，我们始终活在别人的嘴巴里，那么，我们便会常常迷路。我们就会像马可一样，突然"没心情了"！

如果就此一蹶不振，我们便永远无法成为自己。

很多时候，少有人走的路，不一定布满荆棘。说不定，这条路恰恰是唯一的正道。旁门，不一定是左道。

真正布满荆棘的，是每个人的心路。人啊，在意的东西越多，就越容易迷路。

累了，歇歇，想想：该往回走，还是汲取力量继续往前走。如果觉得自己的方向是对的，那么，就不要管身边的人怎么评价；只要无愧于心，只要无害于人，往前走，一定会走出一条属于自己的金光大道。

当年，富尔顿发明了蒸汽船，首航时，大家指着这庞大的蒸汽船，大声嚷："动不了，动不了，一定动不了。"富尔顿没有放弃实验，蒸汽船，真的开了！岸上观看的人，愣了好久。不知谁突然大喊："停不了，停不了，一定停不了！"于是，大家跟着高喊起来！

我们，都是马可，也都是富尔顿。成长的路上，阻拦你前进脚步的，唯有你自己。

4

其实，透过"快乐吧"老师的留言，我还读出了她"怀才不遇"的心态。

所谓"怀才不遇"，通常是才高八斗，不被赏识，抱负难展，郁郁寡欢。

其实，古往今来，怀才不遇者车载斗量，不胜枚举，让人扼腕。

孔子圣贤，丧家之犬；韩非禀法，客死秦宫；屈原抱恨，沉江而死；贾谊藏忧，英年早逝；冯唐易老，李广难封；李白清高，鸿志难图；李贺苦痛，因讳而抑；东坡大才，屡被流放；承恩清高，拂袖辞归……

自古"千里马常有，而伯乐不常有"，相比这些先贤的委屈，区区我等，又算得了什么?!

况且，这是一个多元发展的时代，一个真正有才华的人，绝不会吊死在一棵树上。只要你有真本领，拥有"玉在椟中求善价，钗于奁内待时飞"的积极心态，告别"笔底明珠无处卖，闲抛闲掷野藤中"的消极心境，也许很快迎来"长风破浪会有时，直挂云帆济沧海"的一天。

退一步说，哪怕默默无名哪怕平平淡淡，我们依然可以向内修炼自己。人生，跋涉过千山万水，最终需要跋涉的，是自己。

正像杂文家朱铁志先生说的那样："有些事情其实只要换一个角度思考，可能就会豁然开朗、心绪平和。当你感叹'怀才不遇'的时候，不妨反问一下自己：才学究竟几许？才华到底如何？'不遇'固然不爽，'遇'了又当如何？从此就能大展宏图、大有作为、大红大紫、登上大雅之堂吗？"

如此一想，便会释然。人生，需要登上的，也许不是权力和财富的宝座，而是，不断生长着的精神高峰、人格高峰。

胡马依北风　越鸟巢南枝

——张祖庆老师访谈录

采访者：徐良英

问：您努力践行自己的教育理想，形成了自己独特的风格。在追梦的过程中，您也许遭遇过彷徨、困苦或挫败（或者说遭遇高原期）那么，您是如何应对的？

祖庆答：

追梦路上，彷徨、困苦与挫折，始终相伴。我以为，每个人最大的彷徨、困苦和挫败，均来自自身。在专业与行政间游离的彷徨，暂时无法超越自我的困苦，成了我成长路上最需要应对的难题。

先说"专业与行政间的彷徨"。是人都有野心，一旦在教学上取得了小小的业绩，大部分人就会希冀在学校里有个"一官半职"。我是俗人，难以免俗。2006 年 8 月，当教育局让我去一所学校负责行政工作的时候，我的心，在行政与业务之间摇摆不定。最终，"成为领导"的念头占了上风。于是，我成了一所学校的常务副校长。

自此，我走上了一条难以两全的坎坷路。一边要适应全新的管理岗位（学校刚改制，机制未理顺，加上还在搞基建，管理难度可想而知），一边要坚守追寻多年的语文之梦。在角色转换之间，我常常捉襟见肘，焦头烂额。几番痛定思痛，我终于鼓起勇气，辞去管理职务，做回纯粹的语文老师——这需要很大的勇气。

"胡马依北风，越鸟巢南枝。"是什么样的人，便在什么样的地方活着。离开了可以自由呼吸的空气，人会一事无成。彷徨的时候，问一问自己：我，最适合干什么？我，最能够干好什么？也许，一切彷徨，都会过去。后来，我评上了特级教师。经过一段时间的淬炼和积累，我又回到了管理岗位。但，语文教学研究，始终是我的生命线，无论在哪里，我都不会放弃。这，是我安身立命之本。

再来说说"无法超越自我"的困苦——这大概便是你说的"高原期"吧。

2005年10月，我执教《我盼春天的荠菜》，此课得到了老师们的广泛喜爱和专家的赞誉。

问题来了。这节课，在我的专业成长中，仿佛一座小小的山。如何超越成为一个尴尬的难题。此后，我试着上了几节阅读课，如《盘古开天地》《忆江南》，我怎么也找不到感觉。被自己打败的沮丧感笼罩着我，一段时间内，我干脆不去碰阅读公开课，把研究的重点转向了作文。我对自己说，作文课更有研究空间，多上作文课吧。其实，内心深处，一直惴惴不安：难道，我就这样再也不敢碰阅读课了？

我不甘心。

于是，一边继续观摩别人的阅读课，从名家实录中借鉴经验，一边潜心研读理论著作，试图从王荣生、王尚文、潘新和等诸多名家的理论以及前辈名师的实践智慧中汲取力量。

我在默默等待自己的下一节阅读公开课。

转机，终于来了。2009年3—6月，我参加浙江省第十届特级教师评选。在一次次选拔的过程中，我逐渐找回了上阅读课的感觉。后来执教的《和时间赛跑》，就是在这次评选的基础上，逐渐完善的。

2010年6月份，应《小学语文教师》编辑部之"逼"，我和江苏的刘敏威老师一起上《狼牙山五壮士》。第一版本的课，引发了很大争议，但直觉告诉我，上阅读课的良好状态，又回来了。在辩课基础上，我对此课进行了二度重构，新版《狼牙山五壮士》，因为指向了阅读策略和写作策略，以更务实的姿态走进了大家的视野。此课，得到了于永正、周一贯、黄国才先生以及不少一线教师的赏识与喜爱。此后，我又上了改进版的《和时间赛跑》和《祖父的园子》。此后几年上的《穷人》《金钱的魔力》等课，更是以独特的设计和对小说文体意识的关注，得到了不少老师的喜爱和欣赏。它们，成为我这个时期的代表作。

反思自己这一段"陷于困苦"和"走出困苦"的历史，我渐渐地明白：其实，人生无所谓"困苦"和"顺境"，"困苦"也好，"顺境"也罢，都是生命的常态。只要保持平常心，在平静中葆有昂扬的生命姿态，默默积蓄，善于等待，"困苦"之后，也许就是"顺境"。

起起伏伏，才是生命本真。

问：您的意思，面对高原期，我们除了加强学习，还有就是顺其自然，对吗？有没有更快走出高原期的策略？

祖庆答：

其实，所谓的高原期，是没有的。只不过是暂时放慢了生长的脚步而已。一个教师，一旦认识到了自己处于高原期，便是下一轮拔节的开始。

其实，无论何种植物，都不可能天天生机勃勃。有些，甚至一度看起来停止了生长。非洲草原上的尖毛草就是最好的例子。尖毛草被誉为草地之王，但是，在二三月里，它仿佛停止生长，草原上的其他草都郁郁葱葱，唯独它一直矮矮的，不到一寸高。然而，七八月份，雨水充沛的时节，尖毛草像被施了魔法一样，以每天一尺到一尺半的速度疯长，三两天就长到近两米高。一大片尖毛草，就像一片突然竖起的墙，让人无比震撼。科学家经过认真研究，发现尖茅草在最初的六个月，一直在长根。它可以把自己的根扎往大地深处 18 米之深！

其实，大部分所谓的"高原期"，不是真正地停止生长，而是处于生长潜伏期和力量积蓄期。对自己多一份信任，对岁月多一份等待。持续阅读、潜心耕耘，必定迎来下一个成长黄金期。当然，"岁月不饶人"，你也"不要轻易饶过岁月"。"饶过岁月"，便是"放逐自我"。

问：您觉得一个优秀的语文老师应该具备哪些基本能力？如果只能列举三点，您觉得哪三点相对重要呢？

祖庆答：

我觉得，一个优秀的语文老师，有三方面的能力非常重要：第一，文本解读的能力；第二，创意设计的能力；第三，课程开发的能力。

第一，文本解读能力，是一个优秀的语文教师最为重要的能力。读法决定教法；老师能教给孩子的，只能是他自己和他所读到的。因此，一个优秀的教师，首先是一个文本品鉴的高手。语文教师理应凭着自己对语言的独特的感受，"带领学生走进语言的精微隐秘的深处，指点学生发现并欣赏琳琅满目的语言世界，进而将自己的言语睿智传递给他们，唤醒他们沉睡的言语感觉，点染他们的言语悟性和灵性，使他们逐渐获得言语领悟能力和创造能力"（潘新和语）。例如，我的《穷人》《金钱的魅力》等课，之所以有新意，是因为我读到了新意。

第二，创意设计的能力，是一个老师的课堂能否吸引学生的关键。学生天性烂漫，喜欢新鲜事物。作为语文教师，要让语文课程充满活力，就需要对课程和课堂进行富有创意的设计。有创意的设计，能让孩子们充满好奇地探究语文、学习语文。"孩子是可以敬服的，他常常想到星月以上的境界，想到地面下的情形，想到花卉的用处，想到昆虫的言语；他想飞上太空，他想潜入蚁穴……"（鲁迅语）语文老师，就是要努力让自己的课像变戏法一样的好玩；努力让每一堂课都成为儿童的精神探险；努力让儿童在老师的带领下，体验学习语文的快乐和魅力。

第三，课程开发的能力，是一个老师能否帮助孩子提升精神疆域的关键。语文是一门开放性特别强的学科。语文的外延无比广阔，学习语文的途径也数不胜数。一个优秀的语文老师，必定是一个优秀的课程开发者。一个老师，如果自己眼前只有一本教科书和参考书，那他教出来的孩子绝对不会看到三尺以外的地方。再者，一个没有课程意识的老师，也许他的公开课上得很漂亮，但，他至多只能称得上舞台秀的杰出演员，算不得是优秀的教师。

问：一个成功的专业人士，往往都特别注意"取长补短""扬长避短"，能介绍一下您在这方面的经验吗？

祖庆答：

我是典型的马大哈，做事粗枝大叶。表现在课堂上，往往很难上出非常精致的课，这是我的弱项。但弱项有时候是能转化为强项的。把课上得简约丰满、大气磅礴，是我的一贯追求。教学设计时，我往往喜欢从大处着手，板块推进。有时候，故意不写课堂语言，在教案上"留白"。而正是这"留白"，给了学生比较多的探究空间。课堂上，我的关注点，也往往全部落在学生身上。学生的一颦一笑、一举一动，都有可能生成鲜活的课程资源。这里需要特别指出的是，对入职不久的老师而言，公开课教案还是要写得详细一点。此文专门针对骨干教师或卓越教师而言。

多年前，我在浙江上虞上的《新体验作文》，就呈现了"留白"后生成的"丰满"。课上，我以自编的子虚乌有的"巨角猥"这种动物的相关知识为测试内容，考一考学生的记忆力、思考力、判断力。考试的时候，孩子们只关注了记忆力，却根本没有留意这种动物是不可能存在的，忽视了最为重要的判断力，结果只有一个孩子因没作答而得了满分，其他孩子做了题，却得了 0 分。按照预设，孩子们在老师公布答案并揭晓谜底后，肯定会恍然大悟，进而写下感悟。哪料到，上虞实验小学的孩子们却和我唱起了"对台戏"，他们一次次反驳，屡次让我"陷入绝境"。课堂上，我临时改变了教学程序，让支持我的孩子和反驳我的孩子辩论。课，由此从"山重水复"，转入"柳暗花明"。之后，我让他们用文字继续辩论，阐述自己的观点。此课赢得了张化万老师的赞赏和与会老师的共鸣。

而事实上，这节课的教学设计，总共不到 200 字。简单的设计，生成了不简单的丰富。

人非完人，孰能无错。不要老想着"扬长避短"，其实，"扬长"，就是最好的"避短"。把自己的长处"扬"到极致，甚至让它成为你的绝活，它便"一俊遮百丑"——当然，作为教师，该有的基本功，还是要的，比如，三笔字、口头表达力等。

问：现在有很多的年轻老师有强烈的专业成长欲望，但在奋斗的过程中，又常常迷失方向，对于这样的一些人，您能根据自己的成长经历给我们一些宝贵的意见吗？

祖庆答：

有强烈的成长欲望，这是好事，坏就坏在没有欲望。退而言之，一个人可以没有成名的欲望，但是千万不能没有成长的欲望；最最可怕的是，成长路上太有欲望。

结合我自身的成长，有这么几点心得与各位分享。

第一，要想着成长，而不要老想着成名。人活着不是为了成名，而是为了成长。成名只是成长的加油站，成长比成名更重要。想成名没错，但时时事事想着成名，那就危险了。有的年轻教师，和成名有关的事，乐此不疲、趋之若鹜；和成名无关的事，冷漠以对、避之不及。那样，成的，只能是"臭名"——好高骛远，追名逐利。我们既要胸怀理想、仰望星空，又要脚踏实地、心无旁骛。如此，也许你会在不经意间，走向了成功。

第二，要靠底蕴支撑，不要祈求"一课成名"。"一夜成名""一歌成名"，那是在武侠小说或者"达人秀"里才会出现的事。功利主义盛行的今天，不少年轻教师希望只凭一课，就能全国走红，永远吃香。而这，几乎是不可能的。试看当下小语界，有几位是"一课成名"的？窦桂梅等老师，确实曾经"一课成名"，但假若没有他们此前的积淀和此后的努力，他们能达到今天的高度吗？更多在全国阅读教学大奖赛中曾经风光一时的"明星"们，你方唱罢我登场，最终，淹没在茫茫人海中。希冀"一课成名"，最终"昙花一现"。没有深厚的学术底蕴做支撑，"一课成名"，乃为"梦幻泡影"。

第三，要成为自己，不要轻易"克隆"名家。当下，模仿秀盛行。教育领域中，模仿秀更是屡见不鲜。不少老师总喜欢模仿名师们的一招一式，依葫芦画瓢地搬名师的课，结果画虎不成反类犬，东施效颦，贻笑大方。当然，入职之初，适当模仿也是成长的必由之路，但不能永远停留在模仿上。崇拜偶像，人之常情。但是，切忌把偶像当成天！一旦把偶像当成天，你便看不见自己和其他更多优秀的人。粉丝一旦迷失了自我，是一件很可怕的事。其实，每个人，都是独立存在的个体，个人的教学风格，和他的经历、气质、学识、才华息息相关。不去学习名师的精魂，却一味模仿一招一式，最终会迷失自我。"形而上者谓之道，形而下者谓之器。"成长路上，多学道，少学器，乃为上策。

Chapter 2

青年教师如何缩短学徒期

青年教师如何缩短"学徒期"

——我的海岛奋斗史

我教育生涯的第一个脚印，踏在了远离大陆的浙江温岭龙门群岛。

1

1989 年的暑假，当得知被分配在当时温岭条件最艰苦的龙门海岛，我一下子蒙了。

尽管在心里千百次地想象过海岛的荒凉、落后，但当我踏上去海岛的交通船时，心里还是不由得一阵恐惧。

船在浑浊的（绝不是蓝色）的海面上行驶了大约一小时二十分钟，在码头停泊了。我和母亲拎着沉重的背包，昏昏沉沉走了 20 分钟的山路，才到达工作的起点站——龙门乡中心小学。

安顿毕，母亲含泪走了。

学校虽说是乡中心小学，但是和完小没有两样。校舍依山而建，面积不足 2 亩，学校共有 5 个班级、9 个教师、127 个学生，两幢老教学楼，一幢新翻宿舍楼，非常局促，真乃"鸡了壳里摆道场"。学校所处的位置是岛上最狭窄的地段，虽然前后门都"面朝大海"，但绝没有海子诗句描述的"劈柴、喂马"那般浪漫，更没有歌曲吟唱的"云雾满山飘，海水绕海礁"般的画意。

民以食为天。第一天，我就遭遇了"民生"问题。学校厨房只管蒸饭，不管做菜。菜，只能自己动手在煤油炉子上烧。对我来说，这可真是大姑娘上轿——头一回。我从供销社买来了煤油炉、铁锅和其他炊具，开始了我的"教师兼厨师"生涯。当地没有菜场，我们所吃的菜，大多是星期天从陆上带来的。因而，星期一、二，我们的餐桌上往往还算丰盛；到了下半周，那可是惨不忍睹了。我曾打趣说："吃了上顿没下餐，桌上只有青菜、豆腐、萝卜干。"

我常常茫然地望着无际的大海，陷入无尽的绝望……

2

还记得第一次给校长上汇报课的尴尬场面。

那时，李吉林老师的情境教学法正流行。我无端地觉得，情境教学，就是放放音乐、演演课本剧。在日常教学中，不管什么课，我都要来一下"情境"。第一个月的月末，校长说要来听课，我吓得一夜没睡，老想着创设什么"情境"。

记得那时上的是《赶羊》。我绞尽脑汁，想出了一个可以用来演绎"情境"的道具——到操场一角，拔了一捆草，藏在门后。上课了，我一段一段分析，到高潮处——主人公用草来哄羊的段落。我拿出了秘密"道具"，让学生表演。哪料，课堂成了笑场，孩子们嘻嘻哈哈，压根儿忘记了在学语文。

课，一败涂地。

校长叹了口气，冷冷地看了我一眼，铁青着脸，一言不发，走了。

自此，自暴自弃。浑浑噩噩教语文，认认真真打麻将。

3

改变我人生态度的，是一次"死里逃生"的经历。

那年夏天，我和当地一位渔民朋友一起到两岛之间的海峡游泳。原以为，在淡水中练就的水性，到咸水中游泳，肯定是小菜一碟。于是，我仰躺海面，脸朝蓝天，悠闲地玩起仰泳的技术。没料到，看起来窄窄的海峡，居然越变越宽——海峡表面平静，实际暗流汹涌。我被漩涡卷着推向了远离小岛的洋面。我死命挣扎，但离码头却越来越远。正当我以为"此命休矣"时，一艘渔船从远处急驰而来，抛下救生圈，救了我的命。这一幕，至今让我心有余悸。此后，一个很淳朴的念头萦绕脑际：我的命是被渔民捡回来的，我得用心教好他们的孩子，否则怎么对得起他们呢？

我开始用起了功。

晚上，是我备课的黄金时间。每每此刻，我对着大海，反复大声地朗读课文，常常不知不觉地将课文背了下来。课文读熟了，我再去翻阅教学杂志，参看别人的解读与设计，看到特别有意思的，就抄录相关资料或课堂实录。左友仁、李吉林、丁有宽、于永正、支玉恒、贾志敏、靳家彦……一位位名师的课堂实录，陆续走进了我的手抄本。

抄，不过瘾。于是，我常常试着把他们的课堂实录进行压缩，"还原"成不到800字的"教学设计"；而后，再根据这份"教学设计"，将实录还原出来。一个课堂实录，常常被我三番五次地压缩、还原、压缩、还原，循环往复。慢慢地，名师课堂的精妙之处、神来之笔，烙进了我的记忆。

还原，还是不过瘾。于是，我试着把脑子里积攒的名师实录，搬到课堂上。这些名师的教学设计，确实与众不同。虽然，我不能百分之百地还原他们的精彩，但我发现，课堂有了静悄悄的变化，孩子们开始喜欢我的课了。我也常常在课堂上蹦出一些幽默的评价语——其实，这些话语，都是名师课堂实录中的经典。就这样，我尝到了模仿的甜头。

一节又一节地搬，一节又一节地成功。

对教学，我开始有了信心。于是，我主动邀请学校里的老教师来听课。果然，他们认为我是一块教学的料，将来大有可为。这让我小小地得意了一番。再后来，我主动邀请校长来听课。校长说："小伙子，你是我们海岛最有发展潜力的年轻人！"校长的激励，犹如黑暗的天空划过一道闪电，它点亮了我奋斗的信念。"天生我材必有用"，我想，即便是在海岛，我依然可以活出自己的精彩。

就这样，从模仿起步，我很快地走上了成长的快车道。

我的抽屉里，至今保存着好几本名师课堂实录手抄本。每当我摩挲着发黄的扉页，浏览着模糊的字迹，常常有一种莫名的感动。

4

第二年，我被提拔为学校教导主任。事务繁杂，但我对语文却越来越痴迷。每备一课，我往往要翻阅一大摞的教学杂志。晚上，老师们都睡了，岛上一片安宁，我沉浸在书海之中；有时即便熄了灯，我也常常枕着涛声，琢磨着一个又一个教学问题。

我在全县教坛上崭露头角，是在教书的第二个年头。那年的9月份，县教研室在我区举行教研会，教研的主题是"语言文字训练的过程中如何渗透思想教育"。按照惯例，中心学校的教导主任是要在会上评课发言的。于是头天晚上，我找了许多相关资料，摘录了好多当时比较前卫的教学理念和听起来比较时髦的词语。下午由各区校教导主任发言，当时的我，不知道哪里来的勇气，居然勇敢地站了上去。我边看准备好的发言要点，边把自己对其中一节课的看法滔滔不绝地倒了出来，足足讲了15分钟！发言完毕，台下掌声响起……

这是一次精彩的亮相！正是这次亮相，教研室的老师发现了我；也正是这次亮相，我结识了对我人生有重大影响的进修学校的季俊老师。

回想这一幕，我常常深有感触：机会，总是垂青于准备得特别充分的人。

1992年上半年，教龄不满三年的我，第一次在全市的教学研讨会上亮相。那次教研会有些特别，三位老师在同一班级上同一课《在仙台》，前两个课时都由别人上，我上最后一课时。

这对我来说，是极大的挑战。于是，我开始大量搜集资料，从鲁迅学医的经历到藤野先生的故事，只要和这篇课文有那么一丁点蛛丝马迹的关联，我都不会放过。备课遇到困惑，我想起了当时温岭赫赫有名的陈可人老师。于是，我冒昧地给陈老师写信。也许陈老师感动于我这个海岛教师的执着，他热情洋溢地给我写了回信，毫无保留地和我一起分析教材，并提出了宝贵的建议。

课的方案，大致有了。记得只试讲了一次，我信心满满地登台了。课怎么上的，我已经记不清了。只记得课后，教研员毛昉、杨庆生老师激动地握着我的手说："小伙子，真棒！"也因为这节课，我意外地收到了一封信——当时在钓浜乡中心小学任教、现任温岭市教研室副主任的徐秀春老师，给我寄来了一封热情洋溢的信。彼时，秀春以一课《别了，我爱的中国》名满温岭，对他，我只有仰慕的份儿。秀春在信中对我的夸赞，至今都让我脸红。他的夸赞之词，也成了我奋斗的方向。此后，我和他交往渐多，遂成挚友。2010 年，我和秀春一起被评为浙江省特级教师。

想起这些人生片段，温暖便久久弥漫心头。

海岛的岁月，虽然艰苦，但值得我深深怀恋。我能够在二十年后被评为特级教师，和我迈好职业生涯的第一步是密不可分的。摘抄、还原课堂实录，从模仿起步，很快地缩短"学徒期"；大量阅读，兼收并蓄，为自己的后续发展打下坚实的基础；勤学多问，抓住每一次成长的机会，主动求教，让机会牢牢掌握在自己手里。

当然，最主要的，是在艰苦的环境中，始终保持昂扬的生命状态，向着明亮的方向，才会在机会来临时脱颖而出。

从菜鸟教师到骨干教师，精进的全部秘密，便是"渴望成功"。

（此篇选自《张祖庆讲语文》，因内容切合此章，故移到此书。特此说明。）

怎样尽快学到师父的真本领

教书是门技术活，也是艺术活。要想获得技术的提升、经验的积累、艺术的升华，拜师是必不可少的。拜师学艺，是大部分青年教师成长的重要途径。

初出茅庐的青年教师，如果遇到一位热心的明师，且他愿意倾囊相授，那是一种幸运。但是，并不是所有青年教师，都懂得如何拜师学艺。明明良师在侧，却因不够诚恳或不知怎么学，良师成摆设，业务进步慢。

那么，青年教师在拜师学艺过程中，如何才能尽快学到师父的真本领呢？

第一，搞清楚自己的职业阶段，有针对性地学。

青年教师，是一个相对宽泛的概念。刚入职，是青年教师；35 岁以内，也是青年教师。但是，两者无论工作经验还是业务水平，不可同日而语。职业阶段不同，学习重点，也不同。

职初阶段，是职业生涯的起步阶段。这个阶段，一定要稳扎稳打，从最基础的学起，切不可好高骛远。还没有站稳讲台，就想着要成为卓越的教师，这是不可能的。路要一步一步地走，要从建立教育教学常规开始，要从训练自己的必备技能开始。而向身边有经验有智慧的教师学习，则是非常好的途径。

一般来说学校都会给青年教师结对，这个结对非常重要。你能否快速成长就看你跟师父学得怎么样。你要看着师父怎么带班，怎么搞定熊孩子，怎么和家长打交道，怎么备课，怎么改作业，怎么讲评作业，怎么改作文……

比方说，班级微信群。你是不是经常被群管理不当折磨得焦头烂额？作为新手的你，也许没有设定好管理规则，发现群里边乱糟糟的，有的家长经常冷不丁地爆出一句话，有的家长就在那应和：什么学校的伙食不好啦，什么考试考了两周了成绩还没出来啦，什么数学作业越来越多啦……

微信群很有可能成为定时炸弹。那么，怎样管理好微信群？有经验的老师就很有办法。著名班主任田冰冰（现在是校长）就很有办法——开学之初，在家长会上"约法三章"：早上七点以前、晚上十点以后群里不能发言；敏感的话题、广告、拉票坚决不能发；不利于班级团结的话坚决不能说；个性化的要求可以跟老师私聊。

这样一来，班级微信群管理得井井有条。

如果你身边有这样的师父带你，你也会很快上手。所以啊，新手教师，依样画葫芦，照着做，即可。当然，这个师父，首先要真正的有水平。如果他水平很一般，你不一定全部照着做。

如果你已经教了7—8年书，或者10多年了，你自己也成了学校里的骨干教师了。那么，你就不能再简单地学技术了，而是要学习师父的经验、师父的特色、师父的绝招。更重要的是，学习师父处事的方式。问问师父最近在读什么书，了解他在关注什么样的公众号，订阅什么样的教学杂志，了解他班级里有哪些新举措，看看他的教学有哪些新改革。

如果师父在专业领域卓有建树，那么，可以把他的经验移植到自己的班级里，把他的文章打印下来细细读，甚至可以学着师父做课程。总之，阶段不同，学习重点不同。切不可搞错。

第二，主动、主动、再主动，咬定青山不放松。

我想起了31年前分配到温岭龙门海岛的情景。当初的龙门岛是温岭条件最艰苦的海岛。那时没有明文规定要拜谁为师，我没有明确的师父。老教师江再法教学很有特色，于是我经常端个板凳坐到他的教室里。

开始，江老师有些抵触："没什么好听的，不要来听！"我就是死皮赖脸坐着，我说："江老师您不管怎么样上，肯定上得很好的，我就在边上听着，向您学习。"

听完课我就走，并没有马上向江老师反馈我学习的心得。

我去干吗了？我去找相关的教学杂志和名师课堂实录，找到这一课的三四个案例，再对比江老师的教法；细细揣摩，发现江老师设计妙在何处，再向其他的教学杂志吸收先进教法，自己上过一遍，再去向江老师汇报。

"江老师，这堂课我从你这儿学到了好几点。我自己想了一些招，你看可行不？"我把自己的教学设计给江老师看。

江老师听了之后，直夸我爱动脑筋。后来，他上课准备得更充分，因为他知道我经常要溜进来听课。

就这样，我用独特的方式听了江老师一节又一节好课。

一天，一位老教师深有感触地说："现在有些年轻教师啊，我真是看不懂。学校里边安排了我跟她结对，这位小姑娘蛮有意思的。她说，师父啊您工作很忙，我呢也很忙，咱们的结对啊，简单一点。您以后不要来听我的课，我也不好意思去打扰您。到学期结束时，我对着您的备课本，抄几节听课记录就可以了。

"你想呀，年轻人主动这样跟我说，我愿意教她吗？多一事，不如少一事啊！"

这位年轻教师，真的很不应该。居然主动提出不听师父的课，也不要师父来听课。

师父永远无法叫醒装睡的徒弟！拜师学艺，要主动、主动、再主动，要"咬定青山不放松"啊！

第三，拜师学艺的过程中，真诚比能力更重要。

在向师父学习的过程当中，切不可因为师父年纪大了，在新技术方面跟不上，就看不起他，反过来要谦虚低调，主动帮师父做一些力所能及的事。

信息技术好，这是你遇到了一个好时代；而师父身上的经验是你所欠缺的。你一定要静下心来谦虚地学，这样你才能飞快进步。

拜师学艺过程中，有些小细节很重要。

比方说，你的同学刚好因开会来到你的办公室。你给同学倒杯茶，师父在边上，你要不要顺手给师父倒一杯？肯定要啊！顺手给师父倒杯茶，理所应当。

这些细节，都会为你加分，会让师父觉得这个年轻人爱学、谦虚、靠谱，他就会掏心掏肺地帮你。

比如说，你要上公开课，向师父请教，让师父帮你看教案。师父给出的教案，还没有达到最佳效果，这时，你想到了学校里可能还有其他老师比较厉害，这时候，你该怎么办？是背着师父，偷偷去找另一个老师呢；还是当面跟师父商量，要不要邀请其他一些老师，和我们一起磨课？我想，大部分师父，是有胸怀的。他肯定会希望更多人一起加入。如果你背着师父，鬼鬼祟祟地请另一个"高人"，下一次，也许师父就不太尽心了！有些事，要做得光明正大。

事实上，在专业发展的过程中，你也许会遇见一个比你师父更厉害的，或者风格更适合你的高人。你很仰慕高人，高人也愿意收你为徒。这时候，你怎么办？是偷偷地拜师，成为高人的徒弟，还是向师父直说？我想，你应该很真诚地向原来的师父提出来，希望自己"转益多师""博采众长"。

我相信，大部分师父，都是通情达理的。你进步了，照样是他的徒弟。这里特别要多说几句，不管有几个师父，都要尊重他们。否则，会让师父觉得你很功利。这，对你的成长很不利。

第四，学师父，但不要太像师父。

拜师学艺，不是为了克隆师父，更不是成为师父第二。拜师学艺的终极目的，是发现你自己，成为你自己。

然而，在教学界，我看到太多人过于模仿师父，却丢失了自己的例子。不少潜质不错的年轻老师，因为过于迷恋师父的教学风格，一举一动、一招一式地学，甚至连语气、手势，都学得非常像。

这就没必要了。我相信，没有一个师父是愿意看到自己的徒弟太像自己的。学师父的教育理念、课程视野、思维方式、待人接物、处事态度，而不要成为师父的影子，才是正确的拜师之道。而且，很多时候，徒弟跟师父越久，受师父影响越深，往往看问题越容易有失公允。觉得师父说的，就是对的；师父的教法，就是最好的；师父的大旗，我一定要继续扛到底。这样的盲目崇拜、盲目继承，最终发现不了师父的"软肋"或"气门"。这样的学艺，是很危险的。

拜师越到最后，越要有"反骨"——这里的"反骨"不是指背着师父做坏事，"起义"或另立山头。而是要努力跳出师父的固有风格，努力去超越，要成为和师父有所不同的人。如此，你才能"青出于蓝而胜于蓝"。否则，你永远在师父的大树下，长不成另一棵大树。

60

我们尊重师父，敬畏师父，但也要客观地看待师父。如此，师徒才能继续"教学相长"。否则，你的盲目崇拜，可能就是师父继续提升的迷障。

以上，是一个既当过徒弟，又当过师父的教龄 30 多年的老教师的"好为人师"之语。不一定适合你，但绝对真诚。因为，我就是这样过来的。

形似·神似·形神不似

——青年教师拜师学艺三部曲

1

常有年轻教师问我，张老师，您能否传授一下成长的秘诀？

我常常无言以对。秘诀是没有的，门道倒是有的。常识而已。

然而，常识常常被我们所"不识"。因此，我从自身拜师学艺的经历出发，把我认为最重要的常识捋一遍，供有需要的青年教师参考，很有必要。

不少青年教师，有强烈的上进心。往往利用双休日和寒暑假，抓住一切机会，到处进修。有些，甚至一个暑假自费报 2—3 个培训班；多的，甚至报 6—7 个班。不到两个月的假期，一个多月是在培训中度过的。

对这样的教师，我由衷地钦佩。

但是，我也看到一些急于求成的现象：什么班都报，短短的暑假，脑子里塞满各种新名词和新招术。张三的讲座，"醍醐灌顶"；李四的课堂，"脑洞大开"。培训期间，激情满怀，脑子里构想出无数套改革方案，恨不能立刻把孩子们召回，马上试验！

而一等开学，发现，预想和现实差距太大。且，脑子里，新招术像满天繁星，一招一招地试过去，结果发现，东一榔头西一棒子，什么都做了，却什么都做不像。

学期过半，一声叹息：哎，白学了……

可一到暑假，整个人满血复活，又打了鸡血似的四处求学……

回来呢？

涛声依旧。

这，就是不少青年教师专业成长路上的通病：什么都想学，却什么都学不像。

怎么办呢？

我的经验很简单：聚焦、聚焦、再聚焦。

细细梳理各位名师或明师的理念、主张和做法，选择自己理解最透彻且最愿意模仿的一两位，学着做起来。把某一个点做好、做精，慢慢地带动其他领域的发展。

2

慎重选择一两位想要效仿或者学习的"偶像"老师，然后，跟定偶像，学个三五年。如果有机会拜师，那当然最好；若时机不成熟，则可"偷拳"。

具体来说，拜师（或偷师）学艺，要经历"形似"——"神似"——"形神不似"三个阶段。

第一，形似阶段。

先从课例研究入手，找来"师父"（或未经拜师的"师父"，亦可称偶像教师）所有上过的公开课素材（课件、教学设计、文本解读、课例视频、课堂实录、教学反思、名家或草根教师网上的评论），以课为单位，建立素材库。有多个不同版本的课，则以不同的时间顺序排列，并对比研究不同点和变化的意图。

有时间，甚至亲自动手做若干节最喜欢的课堂实录。做实录，相当于书法"临帖"。亲手做一遍实录,等于读十遍文字实录。

然后,反复观看视频。一句评价语、一个表情、一个动作,都要琢磨;有时,甚至可以点击暂停键,设想自己会怎么处理课堂的某个细节或突发事件,再对比师父的处理,体会其奥妙与匠心。

把课看得烂熟于心,几乎每句话都能脱口而出,你就可以照着上了。

上模仿课,最好全程录像。录完后,用两台电脑,将师父的课和自己的课交替播放,对比研究。想想,哪些环节,学得比较到位;哪些环节,学得不到位。不到位的原因,可能是什么?……

选个 10—20 节课,花两年时间模拟,慢慢地,师父的课,你就能仿得惟妙惟肖了。

这一阶段,为"形似"初级阶段,相当于"入格"。

当然,模仿学习,不仅仅只是在课堂。我们还要读其文章,听其报告,了解其一路走来的相关故事、细节;读师父所发表的全部文章,跟着师父在不同场合提过的书单,去读;要选择师父的某一领域教学、课程改革,试着做。

渐渐地,你会发现,通过三五年努力,你与师父渐渐"形似"了。

第二阶段,神似阶段。

学艺不能持续停留在"形似"阶段,那是基础与皮毛。学像了,就要开始研究师父教学技术背后的"道"。

用微格研究的方法,对师父所上的课,进行专项深度研究:文本解读之道、教学设计之道、新课导入之道、提问之道、理答之道、结课之道,等等。从不同课例中,悟出规律性的东西,这是"神似"的必修课。

再接着,通过深度阅读师父的文章、专著以及多次与他深度对话,了解他不同阶段读的书,研究他不同阶段崇拜的偶像,梳理他教学思想的变化脉络与轨迹。

渐渐地,你对师父的教育和教学,就有了全新理解。你不再刻意模仿他的一招一式，而是试图理解他的教育哲学观、儿童观、课堂观、教学理念和教学策略，进而与师父在理念与视野上高度融合。

于是，你的拜师学艺，也进入了新境界。你的课，开始与师父的课有些"神似"了。细看，没有一招跟师父是一模一样的；但其课堂神采、神韵，却又那么酷似。

恭喜你，学艺渐入佳境，你可以出师了。

第三阶段，形神不似阶段。

这一阶段，从模仿逐渐走向超越。

在前两个阶段充分学习的基础上，可适当和师父保持刻意的不同。

上公开课，选择文本风格跟师父迥异的内容来上；

在教学呈现上，可以保持与师父不同的风格，力求出新；

选择与师父不同的领域，做自己喜欢的小而美课程；

写几篇能体现自己独立教学主张的文章。

这时，你会发现，你已经成为全新的自己。

3

特别需要指出的是，这里提到的拜师学艺要专注。并不是立山头、搞帮派，而是通过一对一、一对二的跟踪学习，尽快缩短"学徒期"，迅速成为"老司机"。

专注一人与兼收并蓄，不是一对反义词，两者完全可以兼顾得很好。在跟定一个师父的同时，在有精力且经验不断积累的前提下，再去研究与师父风格类似的相关三五位名师或明师，取其之长（这就跟郭靖学艺一样，和转益多师、遂成大家一个理儿），这当然是一种理想状态。我所反对的，是入职不久的年轻教师，谁都想学，结果"乱花渐欲迷人眼"，谁都学不像。

4

最后想说的是，拜师后，你自己的学习态度之优劣，是能否从师父那里学到真才实学的关键因素。

好学上进的徒弟，往往会主动联系师父，隔三岔五给师父留言，即使师父没空，暂时没搭理，也不气馁，直到师父搭理为止。

师父忙，有时候看到了，一时没想好怎么回复，沉默不语，并不表示他没看到，而是还没有找到最佳方案，也许让你自己先动脑筋想想。徒弟遇到问题，一定要先自己思考，通过自我探索，努力尝试解决问题。

自己充分研究了，还没有搞清楚，再提出来，向师父虚心求教。

不主动的徒弟，貌似有师徒的名分，但因其从来不主动联系师父，师父事情一忙，自然就不会主动联系他们了。有些，甚至一整年节假日短信都没有一个，这样，师徒名分，也就名存实亡了。

这样的拜师，意义何在？

说白了，师父，不是用来"炫"（装点门面，让自己脸上有光）的；师父，也不是用来"拜"（顶礼膜拜，匍匐脚下）的，而是用来"学"的。黏住他，研究他，模仿他，超越他。

这，便是青年教师拜师学艺的全部秘诀。

虽是常识，做好不易。

从"疵境"到"化境"

——从朱光潜"四境界"说谈如何向名师学习

近读朱光潜先生的美学散论《无言之美》，每每为先生的穆然深思和悠然遐想所吸引，细细回味，不忍释卷，获益良多。

先生在《精进的程序》一文中谈到："作文有如写字。在初学时毛笔拿不稳，手腕运用不能自如，所以结体不能端正匀称，用笔不能平实遒劲，字常是歪的，笔锋常是笨拙扭曲的，这可以说是'疵境'。其特色是驳杂不稳，纵然一幅之内间或有一两个字写得好，一个字之内有一两笔写得好，但是全体看去，毛病很多。每个人写字都不免要经过这个阶段。如果他略有天资，用力勤，多看碑帖的笔迹（多临摹，多向书家请教），他对于结体用笔、分行布白，可以学得一些规模法度，手腕运用灵活了，就可以写出无大毛病的、看得过去的字。这可以说是'稳境'，特色是平正工稳，合于规模法度，却没有什么精彩，没有什么独创。如果再想进一步，就须再加揣摩，真草隶篆各体都必须尝试一下，各时代的碑版帖札须多读多临，然后荟萃各家各体的长处，造成自家所特有的风格，写成的字可以称得艺术作品，或奇或正，或瘦或肥，都可以说是'美'。这可以说是'醇品'，特色凝练典雅，极人工之能事，包世臣和康有为所称的'能品''佳品'都属于这一境，因为他还完全不能脱离'匠'的范围，任何人只要下功夫，到功夫成熟了，都可以达到。最高的是'化境'，不但字的艺术成熟了，而且胸襟学问的修养也成熟了，成熟的艺术修养与成熟的胸襟学问修养融成一片，于是字不但可以见出驯熟的手腕，还可以表现高

67

超的人格：悲欢离合的情调、山川风云的姿态、哲学宗教的蕴藉，都可以在无形中流露于字里行间，增加字的韵味。这是包世臣和康有为说的'神品''妙品'，这是极少数人才能达到的。"

细细想来，朱光潜先生不只是在谈写文章和练字。这"疵""稳""醇""化"四"境"，可以普适于各个行业和各门艺术。木工学艺，从认识木工器具开始，到独立设计、创造家具乃至成为木工大师，必须要经历这四个境界；练习国画，先从最基本的技法训练入门，从仿到创，形成风格，也需要走过这样的四个阶段。其他诸如摄影、音乐、书法，无不应了这个理儿。朱光潜先生这段精辟的论述为我们揭示了学艺乃至于做人的深刻道理，这四个境界也是任何门类技艺精进的普遍规律。其实，教师的成长，也符合这样的规律。一个教师，从刚进入教师队伍到成为大师，其教学艺术的发展历程，也必得经由"疵境"到"化境"，任何人概莫能外。

初登公开课讲台的教师，尽管备课时做了充分的准备，课前作了反复的演练，但是在课堂上，教师往往只能按教学方案亦步亦趋。课堂节奏，不能收放自如；突发事件，经常手足无措；生成资源，难于恰当利用。这可以说是"疵境"。其特点是发挥极不稳定，遇到学生基础比较好，且没有意外情况的课堂往往比较顺畅，但也只限于"顺"而已。这样的课，40分钟内纵然有一两个亮点，某个环节中纵然有一些可圈可点之处，但是整体看去，还是问题多多，模仿他人的痕迹比较明显，好多细节把握很不到位，对教材的解读与处理还没有打上自己的烙印。这个阶段，是每个老师都避免不了的。只不过有人教了十年还停留在这个阶段，而有人只需三五年乃至更短的时间。

如果这位教师略有天资，勤于反思总结，多观摩名家课堂，多研读课堂实录，多上公开课，那么他对于课堂的感觉，对于教材的把握，对于临场的调控，可以悟得一些窍门，熟而能生巧，实践出智慧，他就可以上出教师听得比较舒服、学生学得比较投入的课。这可以说是上公开课的"稳境"，其特色是"平正工稳"，没有什么问题，但也没有什么独创。虽如此，我们也不可忽视这一阶段的积累，没有从"疵"到"稳"的积累和提升，教学便不可能臻于"醇境"，更遑论"化境"。

一般教师也许5—10年就能达到"稳境"，但是突破这个阶段进而达到"醇境"则比较难——当然也并非难于登天。一个基本达到"稳境"的教师，如果再想进一步，就须博采众长，融会贯通。各种不同风格流派敢于尝试，诸多名家的课堂实录多读多"临"，然后荟萃各家的长处，形成自家所特有的风格。这个阶段切不可尽早定型，也不可一味地模仿，而要逐渐形成自己的课堂语言风格：或洒脱不羁，或严谨朴实；或平和清新，或感人至深；或若涓涓溪流，或似滔滔江水……这些打上个人烙印的风格，都可以说是"美"。这一阶段可以称之为"醇境"。近年活跃在教坛上的一些中青年名师，大都属于这一境界，虽然他们的教学艺术已经达到相当高的境界——也许很多人终生都难以达到这样的境界，但因为他还完全不能脱离"匠"的范围，尚有或浓或淡的雕琢痕迹，未至"化境"。一个教师若能针对自身的特点，扬长避短，下苦功夫，反复锤炼，用一辈子的努力去追求，想来"醇境"是可以达到的。

最难以达到的是"化境"。我以为，在目前中国小语界，公开课教学艺术达到这一境界的，也只有于永正和支玉恒等少数几个大师而已。在他们的课堂上，我们经常领略举重若轻、随心所欲、信手拈来的风采。他们拥有把握稍纵即逝的生成机会的能力；他们具备把学生错误的回答稍加点拨就使他们恍然自悟的妙招；他们练就了引领孩子经由"山重水复"走向"柳暗花明"的本领。在他们的课堂上，我们才领略到什么叫"返璞归真"，什么叫"水过无痕"。这样的境界，属于有天赋的人，更属于勤奋而有恒心的人。

剖析了名师成长的"四境"，也许你会觉得无比失落——这辈子，我是根本成不了名师的了。其实不然，名师成长的道路，可以带给我们诸多有益的启示。成不了名师，我们可以成为明师。明师者，明理之师，明智之师，明白之师，明日之师。

第一，名师的成长，并没有什么捷径可走。他们也经历过"疵境"：教学之初，他们也会经历和我们一样的挫折，承受和我们一样的失败。他们也经历过由"稳境"向"醇境"乃至于"化境"的突破、超越的艰难、困厄。而他们之所以成为名师，是因为他们经受住了考验，很快地走出了失败的阴影。我们今天所遇到的种种困惑和迷茫，名师都经历过。这些困惑和迷茫，也许是一道坎，跨过了，我们就成了名师。也许我们今天正处于"望尽天涯路"的阶段，只要我们愿意"衣带渐宽"，那么总有一天会收获"蓦然回首"时那份成功的喜悦。

第二，我们可以更加理性地学习名师。批评家陈四益先生有一奇文《跪着读还是站着读》，虽然讲的是读书的心态，但借用到我们现今对待名师的态度上也是很贴切的。正如教育在线一位网友说的：我们看名师的"姿态"，大体上来说有三种：一是"站着"，二是"跪着"，三为"骑着"。站着，气度从容，胸怀坦荡；对名师之长处或击节或拍案，对名师之盲区或质疑或建议；人格上平等，心态上平和。跪着，奉承连连，五体投地；对名师之言论或叫好或鼓掌，对名师之行动或膜拜或跟风；人格上卑微，心理上盲从。骑着，居高临下，唯我独尊；对名师之观点，不论青红皂白一律踩在脚下，啐上一口"失望"的唾沫；对名师之课堂，不论精彩失误全部打翻在地，扣上一顶"失败"的帽子；人格上扭曲，心态上膨胀。因此，我们学习名师，最紧要的是摆正心态。我们需要一种"站着"的心态。有了站起来的心态，我们走近名师，解读名师，仿效名师，追赶名师，超越名师，才不会是镜中观花，水中捞月。对于名师在各个不同阶段的课例，我们不能一味叫好，也不能横加指责。毕竟，他们的课也打上了时代的烙印，带有明显的时代标识。我们更不能以名师"化境"时的课堂艺术水准去衡量他尚处于"醇境"时的教学水平。看任何事物，我们都要有"历史同情心"，对己对人，皆不例外。对名师的课，也如此。对于名师的课，我们更不能简单模仿。名师的课之所以难以模仿，是因为他们的个人学养和气质别人无法代替。支玉恒的大气、于永正的智慧、孙双金的洒脱、王崧舟的诗意、薛法根的平实，都有其独特的标识，任何人是学不会，也是学不好的。我们可以不学名师的教案，我们可以不学名师的语言，但是我们可以学习名师解读教材的视角，可以学习名师处理问题的艺术，可以学习名师臻于"化境"的点拨之功。

第三，名师成长之路，让我们看到了自己成为名师的可能。考察名师的成长之路，我们可以看到，一个教师的成长，离不开技能、人格与学识的支撑，而人格和学识更胜于技术。如果我们光有高超的教学技能，而没有高尚的人格与渊博的学识，那么我们只能达到"醇境"而难臻"化境"。学习名师，我们既要从细节学起，也要从人格与学养学起。只有当我们具有了名师的人格、学养，那么我们才有可能成为名师——即便我们在天赋上不及名师，终其一生的努力只能达到"醇境"，但是我们照样可以成为学生喜欢、家长信任的好老师。有了这样的认识，我们才不会自惭形秽，而会为成为最好的自己而努力终生。

第四，我们学习名师，当学习名师的"大爱"。"没有爱就没有教育"这是大家耳熟能详的教育理念。怎样把爱化为教育的具体细节，让爱常驻孩子心头，让爱化作幸福，让爱温润心灵，名师为我们做出了榜样。李吉林、于漪把爱化作了尊重，潘小明、薛法根把爱化作了艺术，吴辰、王运遂把爱看作责任，程翔、李镇西把爱当作奉献……这最熟悉的理念在名师的诠释中是那么温馨，那么美丽；这最熟悉的理念在名师的演绎中是那么本真，那么自然。苏霍姆林斯基说："一个好教师意味着什么？首先意味着他热爱孩子。""大爱"，正是一个老师从"稳境"向"醇境""化境"跨越，进而成为名师最重要的一步。

我们学习名师，当学习名师的先进教育思想。名师是有先进教育思想的老师，他们的思想来源于广博的知识储备和实践积淀。他们一般都具有学科的专业知识，即掌握本学科的基本知识以外，还要广泛涉猎本学科的前沿知识、与本学科有关的交叉知识、学科历史、学科内涵、学科教育理念演变轨迹等；名师还具有普通教师普遍忽视的教育学和心理学知识；名师更重要的是具有人类文化的大视野，即对文学、史学、经学、哲学、法学、经济学、自然科学等的了解。这样的知识结构决定了名师的视野，视野在一定程度上决定高度，名师自身的阅读、积淀、实践、底蕴、反思、求索等最终使名师具备先进的教育思想。教育思想成熟了，就如放在口袋的锥子一样，一旦有了机会就会破袋而出，所谓"水到渠成"。有了先进的教育思想，我们才有可能达到"醇境"乃至"化境"，才有可能成为名师。

我们学习名师，当学习名师的教育智慧。名师都是有丰富教育智慧的教师。教育智慧不是天生的，而是在实践中积累的。教育智慧其实离我们并不远，只要我们用心关注每一个孩子，关注课堂的每一个细节，那么智慧会源源不断地生成。课堂上，思维受阻的时候，意见分歧的时候，陷入僵局的时候，都是我们锻炼并生成智慧的最好时机。用智慧去经营智慧的事业，我们将获得更多的教育智慧。

阅读，开发自己的精神宇宙

我喜欢读书。读到自己喜欢的句子，会多读几遍，读着读着，就记住了。

下面的两段话，就是这样被我记住的。

> 教师周遭面对的是坚硬的现实，它常常让我们无奈地发现理念的虚幻乃至虚妄，它总是轻易地击穿各种以理想的名义刻意炮制的光环和泡沫。
>
> ——李政涛《重建教师的精神宇宙》

> 是不是每个人都知道，在每个孩子内心，都存在一个宇宙呢？它以无限的广度和深度而存在着。大人们往往被孩子小小的外形蒙蔽，忘却了一个广阔的宇宙。大人们急于让小小的孩子长大，以至于歪曲了孩子内心的广阔宇宙，甚至把它破坏得无法复原。
>
> ——河合隼雄《孩子的宇宙》

每当读到这样一些文字，我的内心就会震动。是啊，每个人内心都是一个广袤的宇宙，辽阔、深邃，让人敬畏又脆弱无比。教师的内心，也是一个精神宇宙。要想开发儿童的精神宇宙，教师首先要开发自己的精神宇宙。老师都没有把自己开发好，如何去开发儿童的精神宇宙呢？

第一，要通过大量阅读丰盈自己的精神世界。韩国法顶禅师说过："生命就是不断地遇见。遇见他人，遇见好书，遇见精神，于是，生命的枝干拔地而起。"一个人的精神世界,要靠大量阅读来丰盈。读得越丰富,精神世界越丰富。

第二,要通过写作创造属于自己的精神世界。精神世界,还包括自身产出的思想成果。思想成果,一旦定格为文字,于我们自己来说,就具有永恒的价值。用文字书写生命,就是开发自己的精神宇宙。

语文教师,本质上是一个书生。因此,要想教好语文,当从教师自己爱读书开始。我的阅读史,也是我的精神成长史。

从听书开始,闯进武侠世界

孩提时代,最让我着迷的是听书。

夏日傍晚,晒谷场上,搭一台子,说书人穿着长衫,带块醒木,登台讲述。一个故事接着一个故事,徐徐展开,我常常听得如痴如醉。后来,遇到了语文老师杨大寿,杨老师语文课教得一般,但他的音乐课非常有特色。音乐课只上15分钟就把一首歌教完了,不管我们学得会还是学不会。剩下的时间就给我们讲故事:瓦岗寨起义、薛刚反唐、薛平贵、岳飞、武松、林冲……我听了上百个故事。

再后来,我又去乡文化站借连环画,一本一本地看。连环画,是我的启蒙阅读。

到了初中二年级,武侠小说进入了我的视野。我读的第一本书是《冰川天女传》,是梁羽生的武侠小说,当时惊为天书!我边读边叹:哇,天下还有这么好的书!我从梁羽生读起,再到金庸和古龙,把能找到的武侠小说读了个遍,读得昏天黑地。这段阅读经历,对我产生了巨大作用,我发现自己的语文水平渐渐提高了。小学,我的语文很一般,到了初中二三年级,语文成绩在班里没有跌出过前三名。

徜徉迷人的文学王国

到了温岭师范学校，终于有了方便借阅的图书馆，一下子有那么多好书可看，我简直心花怒放。我把大量时间耗在图书馆里。师范三年，是我阅读世界名著的黄金时期。只要是图书馆里能找到的，我一本一本借来读。

我尤其喜欢读外国经典文学。

最喜欢读的是长篇小说《卡拉马佐夫兄弟》。作家毛姆认为，它是人类最壮丽的一本书。这本书的主角是"思想"，直抵人的灵魂深处。

《追忆似水年华》文字之好，超乎想象。我大概用了一年时间深入阅读。普鲁斯特是才子型作家，每一页都充满了精妙的比喻。他用意识流笔法书写自己的生命，让人深深沉醉。

我也特别喜欢朱生豪翻译的《莎士比亚全集》（《莎士比亚全集》有梁实秋的译本，也有朱生豪的译本，一般我会推荐朱生豪先生那版）。《莎士比亚全集》我读了一半左右。

《呼啸山庄》和《霍乱时期的爱情》，我以为是外国文学中爱情写得最棒的，有人说《情人》也写得很好。《呼啸山庄》和《霍乱时期的爱情》是独特而深刻的爱情绝唱，它们的意义远远不止于对爱情的描绘。《呼啸山庄》写一个复仇故事。个人的情仇看似格格不入，将其置入英国阶层分化的社会大背景下，又是合乎逻辑的。《霍乱时期的爱情》如一部史诗，几乎穷尽了爱情的全部可能性，引发读者对爱情、人性的深层思考。

《悲惨世界》《复活》《安娜·卡列尼娜》《简·爱》都是那个时候读的。还有《基督山伯爵》，我也很喜欢读。虽然它的文学地位不像《战争与和平》那样高，但好看，就够了。《堂吉诃德》《约翰·克利斯朵夫》等，我也读得如痴如醉。罗曼·罗兰的《约翰·克利斯朵夫》，翻译非常美，文字具有音乐性。狄更斯的作品，非常幽默，好读耐读。卡夫卡，后现代主义的代表人物，他的书越读越觉得深刻。尤其是他的《城堡》，有寓言的味道。当然，我也读一些流行的书，《荆棘鸟》是非常好读的书，讲神父的爱情，感天动地。

我不崇洋媚外。中国文学作品，也喜欢。《诗经》《庄子》《左传》《离骚》《世说新语》《搜神记》《红楼梦》《水浒传》《聊斋志异》，以及大量唐诗宋词，都喜欢。我也喜欢现当代文学。鲁迅、老舍、梁实秋、林语堂、林海音，都喜欢，但不喜欢读张爱玲的，不知为什么。当代作家的作品，喜欢的就更多了。钱锺书、王小波、莫言、史铁生、张炜、王安忆、苇岸、王鼎钧……名字可以列出一长串。

钱穆先生说："文学即人生，人生即文学。"读优秀的文学书，就是在与优秀的人对话。久而久之，我们的精神会臻于完善。《思考中医》中有这样的话："开方就是开时间，比如你的身体是一个冬天气候，我借用夏天的药在你身内制造一个小范围的夏天，你的病就痊愈了。"文学是什么呢？文学就是帮助一个人在自己的心里制造一个美丽的精神四季。你拥有了完整的精神宇宙，便拥有了美丽的人生。

通过文学，我们走进别人的花园，徜徉于别人的故事中。在阅读中，我们可以暂时忘记现实生活的种种不如意。文学，心灵栖居的花园。

我常常武断地认为，没有读过50本文学名著，很难成为一名优秀的语文老师。当然，50本是虚指，是大量阅读的意思。文本解读能力对语文老师来说，是很重要的。文本解读有没有方法？有方法。然而，很多时候，方法的领悟，是默会的，是在阅读过程中潜移默化提升的。真的，文本解读能力，更多是在阅读高品位的文学作品中获得的，而不是靠阅读几本文本解读的工具书来提升的，就像学游泳要多泡在水里一样。

教师，要读点专业著作

和老师们讲一讲我读过的印象比较深刻的专业书籍。卢梭的《爱弥儿：论教育》，以小说形式承载教育理念。有人说，如果把西方的教育专著都烧掉，只剩下三本，《爱弥儿：论教育》就是其中一本。这本书，我们需要沉下心，用三个月到半年的时间才能啃下来。

苏霍姆林斯基的《给教师的一百条建议》，大家耳熟能详，但是真正读下来并且融会贯通的并不多。这绝对是一本教科书式的经典著作。你想啊，一本写于五十多年前的教育实践与理论，当今教育中碰到的大部分困惑，大都能从中找到解决方法。这太了不起了！从中外今昔教育的对照中，我们会发现教育最本质的规律。还有苏联的《学校无分数教育三部曲》(《孩子们，你们好!》《孩子们，你们生活得怎样?》《孩子们，祝你们一路平安!》)，故事体，很诗意，案例特别动人。

现当代的著作，如《教学勇气——漫步教师心灵》，直抵内心，引导我们反求诸己，反思当下，让我们直面内心挣扎，让我们在内心伤痛处，寻找教育的突破口。罗恩·克拉克的《优秀是教出来的》特别适合年轻老师、年轻班主任，书中有很多管理班级的实用小技巧。如果你把《优秀是教出来的》和电影《热血教师》配合起来看，会有更多收获。

再推荐佐藤学的三本著作。一本《静悄悄的革命》，主要讲课堂变革，另一本《学习的快乐——走向对话》，主要讲课程建设。佐藤学的学习共同体理念已经在中国落地生根，以福州林莘老师为代表的实践研究，把共同体理念推到了一个新高度。佐藤学还有一本《教师花传书》，薄薄一册，很有意思，他提出卓越教师是"匠人+专家"。

最近读到一本《追求理解的教学设计》，从"逆向设计"这个角度，谈如何从关注学生的学习入手，设计我们的教学，很有意思，值得一读。

中国现代的教育专著，我认为绕不开两个人——陶行知和叶圣陶。陶行知的平民教育，叶圣陶的语文教育理论，既有可读性，又有深刻性，对今天的教育依然具有深远的指导意义，都值得反复悟读。作为班主任，作为语文老师，这两座高山是一定要攀登的。

当代教师的作品也有不错的，向大家推荐两本，一本是郑金洲的《教师如何做研究》，特别接地气，告诉一线老师如何通过案例研究和行动研究提升自我。还有一本是李政涛教授的《重建教师的精神宇宙》，文笔与思想俱佳，推荐阅读。

王荣生教授的《语文科课程论基础》很有深度，不沉下心来，可能看几眼就放一边了，建议五年以内教龄的老师暂时不要阅读。如果你的理解力比较强可以尝试一下。潘新和教授的《语文：表现与存在》，学术勇气值得赞赏。他提出要以言语表现为核心重新建构语文课程，他的观点影响了很多人，包括王崧舟、管建刚等。当然，任何理论的建构都不可能是完美无缺的，潘新和的观点，要辩证思考，哪些是可以接受的，哪些是可以商榷的，这样才能不被一本书左右。

哲学是一切学科的基础，潘庆玉的《语文教育哲学导论》从言语的本能，即"人为什么学语文的高度"阐述语文教育的哲学。读了这本书，我们会站在更高的层面审视当下的语文教育。叶黎明博士的《写作教学内容新论》，对写作教学的内容作了重新梳理，逻辑性非常强，推荐给研究写作的老师。

同一书系的还有两本，值得推荐。李海林教授的《言语教学论》，站在人的言语生命的角度去研究语文教学，逻辑性很强，大家可以看看他是怎样层层深入地论述他的观点的。另一本是王尚文先生的《语感论》，王先生最近有一系列作品，大家都可以找来读。语文教师，还要读点文字学方面的书。《说文解字》（段玉裁）、《细说汉字》（左民安）、《写给孩子的汉字王国》（林西莉）、《汉字树》（廖文豪）、《白鱼解字》（流沙河）、

《认得几个字》（张大春）、《汉字百话》（白川静）等，都可读读。

上海师范大学吴忠豪教授的《小学语文教学内容指要》从不同方面重构语文教学的内容。于永正先生和支玉恒先生是我最钦佩的前辈，他们的教学艺术达到了出神入化的地步。于永正先生被誉为"中国的苏霍姆林斯基"，他的《教海漫记》文字简洁、清浅，非常有味、隽永深刻。《教海漫记》是我一直以来的案头教育圣经。支玉恒先生的教学艺术，值得我们深入研究。周一贯先生说，支玉恒先生的教学艺术是"尚未被破译的黑匣子"，有很大的研究空间。在研究支玉恒先生的书中，我推荐施茂枝教授的《支玉恒语文教学艺术研究》，研究支玉恒先生的教学艺术，这是目前最好的一本，没有之一。

吴非，原名王栋生，著名特级教师，也是位杂文家，吴非是笔名。他非常有个性，说"想要让学生成为站直的人，教师就不能跪着教书""什么都看透了，也不能放弃理想"……《致青年教师》《不跪着教书》《课堂上究竟发生了什么》《王栋生作文教学笔记》等，都可以读。

教师还要读点心理学。尤其是中国的语文老师，仿佛是天生的班主任，我们得先让自己有一个健康的心理，同时要掌握一些开发学生精神宇宙的心理学。《少有人走的路》，是一本关于自我认识的书。此外还可以读《顺应心理，孩子更合作》和《养育男孩》《养育女孩》。家有男孩的教师，可以读《养育男孩》。当下，男生女性化是个非常严重的问题，这本书或许对你有帮助。

"风吹哪页读哪页"

读书是自己的事情，我们完全可以根据自己的喜好，任性一点，风吹哪页读哪页。你可以找到自己喜欢的作家，把这个作家所有的书都找来读。这样的阅读，就是为阅读而阅读，为喜欢而阅读。这样的阅读，我称之为"超功利阅读"。

叶嘉莹女士是我非常喜欢、敬重的学者。她的古诗词造诣非常深,八十多岁的老太太往台上一站,一张口,一吟诵,那气场,让人沉醉,令人敬畏。她的师父顾随先生是大学问家。受顾先生的熏陶,叶嘉莹讲古典诗词也非常了得。系统地读她的讲诗词系列,你对古典文学的解读,尤其是诗词的解读,功力会提高很多。

我很欣赏作家王鼎钧。王鼎钧被誉为"台湾散文八大家""一代中国人的眼睛",被人尊称"鼎公"。他写过"作文三书"——《作文七巧》《作文十九问》《文学种子》,后来加上《讲理》,合成"作文四书"。研究作文教学的老师可以把这四本书找来读一读。

木心,被称为"文学荒园里的异类",他的书"充满神采,惊艳文坛"。我特别喜欢他的散文《上海赋》,是写上海的极品。他的《文学回忆录》比较有个性。木心还写过一本书,叫《木心谈木心》,也蛮有意思。

经典电影,不可错过

最近几年,我花在看电影上的时间和读书的时间差不多。电影是个迷人的王国,一部伟大的电影,其意义,不逊于一部伟大的书。好多名著都有电影的版本,有时候把两者对比起来看,很有意思。我一度有两个26T的云盘,里边收藏了上万部电影。分国度,分导演,分类型收藏,可惜,云盘收费以后,这些电影,很多被我丢掉了。

我看电影,喜欢一个导演一个导演看,一个专题一个专题看,比如教育电影,我先后看过的有:

1.《死亡诗社》(又名《春风化雨》);2.《放牛班的春天》;3.《蒙娜丽莎的微笑》;4.《霍兰先生的乐章》;5.《街头日记》;6.《浪潮》;7.《山村犹有读书声》;8.《乡村女教师》;9.《心灵捕手》;10.《心灵

访客》；11.《热血教师》；12.《音乐之声》；13.《桃李满门》；14.《四分钟》；15.《弦动我心》；16.《吾爱吾师》；17.《万世师表》；18.《摇滚校园》；19.《黑板》；20.《天堂的颜色》；21.《家庭作业》；22.《小鞋子》；23.《我的教师生涯》；24.《美丽的大脚》；25.《草房子》；26.《凤凰琴》；27.《孔子》；28.《一个都不能少》；29.《高考1977》；30.《上学路上》；31.《烛光里的微笑》；32.《高三》；33.《孩子王》；34.《十三棵泡桐》；35.《代课老师》；36.《请投我一票》；37.《鲁冰花》；38.《考试一家亲》；39.《迟到的春天》；40.《女大学生宿舍》；41.《垫底辣妹》；42.《麻辣老师》；43.《早熟》；44.《小孩不笨2》；45.《回归》；46.《蝴蝶》；47.《姐姐的守护者》；48.《当幸福来敲门》；49.《孩子在看着我们》；50.《成长教育》；51.《录取通知书》；52.《天那边》；53.《小猪教室》；54.《卧底学园》；55.《我的父亲母亲》；56.《我的老师》；57.《苏菲的世界》；58.《奇迹男孩》……

读书，看电影，让自己的精神世界更丰盈。

"读书，自以为非"
——我的私人阅读经验与书单

"读书，自以为非。"这是前辈、著名特级教师钱正权先生，生前对我说得最多的话。他常常告诫我，人啊，绝不能自以为是。越读书，越觉得自己知之甚少，这叫"读书，自以为非"。

我记住了先生的话。无论在哪个岗位上，无论顺境、逆境，我始终和书在一起。"读书，自以为非"，要让自己始终保持饥渴状态和谦卑状态。

在这个世界上，还有太多值得我们好好读的好书。

关于读书，其实每个人都有自己的私人经验。回顾自己的阅读史，有这么几条阅读建议，供读者参考。

多读经典，少读烂书

叔本华曾说："读好书的前提，是不读坏书。"金克木先生也曾说过"书读完了"。大意是，书是读不完的；如果我们读"书中之书"，书是读得完的。至于哪些是"书中之书"，我们可以读读金克木的《书读完了》，里面提到很多"书中之书"。

我们要读经典的文学作品。外国的，中国的，凡是经典，都可以找来读读。莎士比亚、托尔斯泰、陀思妥耶夫斯基、普鲁斯特、川端康成、塞万提斯、马尔克斯、海明威、加缪……这个名单，可以列得很长。木心的《文学回忆录》，提到浩如烟海的文学作品，可按图索骥，找来读读。

中国教师，尤其是语文教师，是要有几本古书打底的，如《诗经》《礼记》《论语》《庄子》《孟子》《左传》《世说新语》《史记》《三国志》等。喜欢历史的，还可以读读顾颉刚先生写的《中国史学入门》，该书第二部分专门就经书、子书和战国古书进行了论述，对那些我们所耳闻的经典著作进行了全面系统的介绍。另外，有工夫可以再结合钱穆先生的《国史大纲》和吕思勉先生的《中国通史》阅读，对历史就会有一个大概的了解。要想对古代中国传统文化有一个概览，还有一本套书很不错。那就是由北京出版社出版的《大家小书》，一整套，很棒。《唐诗杂论》（闻一多）、《宋词赏析》（沈祖棻）、《诗论》（朱光潜）等，都是好书。而且，这些书都很好读，不难。

敢于闯进阅读伸展区

阅读需要大胆地走进伸展区。伸展区有一定的挑战性。我们不要害怕深度阅读，那是通往未知世界的路。一本书就是一个未知的世界。有深度的书，会为我们打开一条通往广阔天地的路。恕我直言，韩寒的书、郭敬明的书基本上不会为我们打开通往世界的路。

周国平的哲学随笔，文字隽永、清新，耐人寻味。可以读，但不能只读他的书。同样是哲学书，唐君毅、徐复观、冯友兰、王阳明的书有一定的挑战性。读了之后，我们会引发对存在的自我拷问。也有的书是暂时读不懂的，比如《存在与时间》，我读不懂。读不懂，暂不读。这些读不懂的书，是一座座高山，一直存在，令人敬畏。它们默默召唤我们，等脚力足够之时，再去攀登。

唐君毅《人生之体验续编》，读起来有点累，于我来说，是具有挑战性的阅读伸展区。把它啃下来，很有启发。有段时间，我对他人对我的评价比较在意。有一天，我读到了这段话："一个人名满天下，他即存在于天下一切人之是非毁誉之中。而一个历史上的人物，他即永远存在于后代无限的人之是非毁誉之中。这些都是世间俗情不容否认的事实。"这番话，让我一下子豁然开朗。这句话，也让我想起庄子的"举世誉之而不加劝，举世毁之而不加沮"。从此以后，人家对我的正面评价也好，负面评价也好，我都笑笑。誉之毁之，他人之事，何必理会。这本书是我的知音之书、生命之书。这本书，我看了很多遍。虽然有一些地方读不懂，但是慢慢地啃，算是把它啃下来了。

语文老师，要适度往历史类和思想类的书籍上拓展一下。思想类的书，可以关注下面的几本书：《论法的精神》（孟德斯鸠）、《人类群星闪耀时》（茨威格）、《往事与随想》（赫尔岑）、《论语今读》（李泽厚）、《爱的艺术》（艾里希·弗洛姆）、《我的精神家园》（王小波）。此外，历史类作品，我个人比较喜欢《袁氏当国》（唐德刚）、《万历十五年》《黄河青山》（黄仁宇）、《帝国的回忆：〈纽约时报〉晚清观察记：1854—1911》（郑曦原）、《光荣与梦想》（威廉·曼彻斯特）等。

当然，这只是我所遇见的，且是我认为的有思想的好书，你未必喜欢。或者，你可能会觉得这些书太幼稚。

做一个荤素不忌的阅读者

我是非常赞同读杂书的。

我读书，有时候完全凭着好奇心去读。《禅与摩托车维修艺术》，这本书到底讲什么呢？于是找来读。有一本书叫《为了报仇看电影》，看题目也很有意思，于是，下单。文字学要读，经济学可读；古典文学要读，哲学史、建筑史等亦可读。读书要杂，读得进就读；读不进，暂放一边，不去硬读。

我喜欢把相关的一类书，混搭在一起读。

自然主义经典《瓦尔登湖》，可与《沙乡年鉴》《林中水滴》混搭着读。后两本书，文字非常优美、诗意，好读，耐读，常读常新。

对大地的描写，我喜欢把苇岸的《大地上的事情》和陈冠学的《田园之秋》《访草》对比着读。两位作者，都用质朴的语言，对一年四季物候进行诗意描写，对一年农事进行客观书写。这样的文字，散发着泥土芬芳。读这样的书，让人澄明。

刘亮程的《一个人的村庄》和李娟的《阿勒泰的角落》，也可对比着读。这两本书，把西北黄土地上的村庄生活，写得宁静诗意。

作家汪曾祺有一本《人间草木》，大学教授周宁也有一本《人间草木》。前者轻盈，后者凝重；前者写花草虫鱼，后者写人间百态；前者风轻云淡，后者荡气回肠。轻松闲适时读汪曾祺的《人间草木》，如品佳茗，回味无穷；意志消沉时读周宁的《人间草木》，如观悲剧，让人顿悟。

同样是写死亡，余华的《活着》让人喘不过气来，迟子建的《额尔古纳河右岸》则相对客观冷静。

写西南联大往事，张曼菱的《西南联大行思录》，仿佛纪录默片，客观、理性、怀旧，似一曲隽永的小令；何兆武的《上学记》则以"我"的眼睛为摄像机，精准地还原一代大师的课堂神采，像一幕精彩的戏剧；宗璞的《野葫芦引》则以小说笔法，诗意叙述那个年代的悲欢离合，娓娓道来，引人入胜，如一壶醇香的老酒。

儿童文学，则更适合这样混搭着读了。成长小说、动物小说、幻想小说，一个类型一个类型去读，其乐无穷，不亦快哉。

偶尔批注，懒得摘抄

曾有机会造访周一贯先生的书房"容膝斋"。先生做学问之严谨，让人肃然起敬。书房里，二十几个抽屉，分门别类，摆放着一叠又一叠文摘卡。怪不得，我常常在先生的书中、文章中，读到无数恰到好处而新奇精妙的高人论述。仿佛，这些句子和案例，先生总能信手拈来。事实，盖因先生勤于摘录也。

受到触动，我也曾下决心学着做，然缺乏长情，坚持半月，最终放弃。书还是要读的，怎样留下一些痕迹呢？于是，在字里行间做点批注，表示来过一遭。我总认为，一本书里精彩的句子，眼前一亮的观点，一定会像钉子一样钉在心里，无意间被我们记住。记不住的句子，说明它不够打动我们。每每读到这样的句子，我会情不自禁地把它们画出来，偶尔做些批注。不必洋洋洒洒，三言两语，简单记录，便可。

一直以为，做批注，是最笨也是最好的阅读方法。金圣叹《贯华堂六才子书》，就是典范，尤以《水浒传》为佳。读金批《水浒传》，我们不但学得文本细读的方法，也能悟得批注的门道。

批注，可多轮次进行。一遍一遍地读，一次一次地批，不同时期的"我"，不期然地在同一本书中相遇。

真好，真好。

迷恋他，读透他

《红楼梦》里有关于香菱向黛玉学诗的章节，颇有意味。

> 香菱笑道："我只爱陆放翁的诗'重帘不卷留香久，古砚微凹聚墨多'，说得真有趣！"黛玉道："断不可学这样的诗。你们因不知诗，所以见了这浅近的就爱，一入了这个格局，再学不出来的。你只听我说，你若真心要学，我这里有《王摩诘全集》，你且把他的五言律读一百首，细心揣摩透熟了，然后再读一二百首老杜的七言律，次再李青莲的七言绝句读一二百首。肚子里先有了这三个人作了底子，然后

再把陶渊明、应场，谢、阮、庾、鲍等人的一看。你又是一个极聪敏伶俐的人，不用一年的工夫，不愁不是诗翁了！"

这段话，既是作文之道，亦是读书之道。曹雪芹借林黛玉之口，告诉我们要大量地、持久地阅读经典作品。"取法乎上得其中，取法乎中得其下"，所读之书的品质，决定了读书的收获。钱穆先生在《中国文学论丛》一书里进一步阐释道："倘使我们有一年工夫，把杜工部诗抄一百首，李太白诗一百首，陶渊明诗一共也不多，王维诗也不多，抄出个几十首，常常读，过了几年拿这几个人的诗再重抄一遍，加进新的，替换旧的，我想就读这四家也就很够了。"

是这么个理儿。比如读一本《戏剧大全》，每家选一部戏，你读了近百部；不如老老实实研读莎士比亚、研读《西厢记》。读《戏剧大全》之类的书，犹如进入万人会场，人头攒动，却不相识，不可能学到真本领。还不如在一些小小的沙龙里，有机会跟高人倾心相谈。就像我们平时逛菜市场，总不可能每样菜都看一遍，再下单，而是选自己喜欢的。"学问如大海，'鼹鼠饮河，不过满腹'。所要喝的，只是一杯水，但最好能在上流清的地方去挑，若在下游浊流地方喝一杯浊水，会坏肚子的。"钱穆先生所言甚是。

最近几年，我每每迷上一个作家，就会把这个作家的所有书找来阅读。前提是，这个作家的作品，总体水准相当高。像孙犁的书、汪曾祺的书、沈从文的书，我几乎全部读过。

总括起来，读书之于人的成长，意义非凡。我总认为，一个老师，教书生涯前八年，靠的是灵气、机遇。但是到后期，他跟别人比拼的是什么？一定是底蕴。底蕴是怎么来的？是书堆里冒出来的。

有老师问，你要写文章，要看电影，要上公开课，现在还要做课程，你的时间哪里来？老师们，每天坚持阅读半小时，一年下来，你能够精读二十本书，十年就可以精读两百本书。我出差时，一般会在飞机上可以看完一本书。每次参加会议，都会带一本书。开会之前，开会间隙，都会挤出时间看书。有时候，一些无聊的会议，有机会读书，也读。开会偷读，莫大享受。

"往上读书"与"书读完了"

近读张文江先生的《古典学术讲要》。

张文江先生，是一位精于典籍的大家。他在 2005—2007 年间选取了中国古代一些比较优秀的典籍，在研究生班上试讲，参与者有复旦大学的博士、上海社会科学院的硕士，以及各行各业的朋友。《古典学术讲要》就是这一课程的名称。

先生讲学，深受学生喜爱。他根据部分讲稿整理成书，由《学记》《史记·货殖列传》《五灯会元》《套数·秋思》《风姿花传》《西游记》讲记组成。作者精通国学和佛教，学贯中西，力图发掘这些典籍的深刻内涵，清理它们的源流演变，并进行中西文化的比较研究，探讨它们和现实生活的联系。

张文江先生曾解说过一个很著名的读书方法论，他说，读书应该"往上读"。

什么是"往上读"呢？就是说，看一本书，不仅要看这个书写了什么，更要看这个作者看了一些什么书，他的精神源头是什么。

作家黄德海有一次在与张文江及《沿着无愁河到凤凰》一书的作者周毅，在对谈中，提到阅读黄永玉和沈从文的时候，运用"往上读书法"，找到了沈从文和黄永玉共同的精神源头——陈渠珍先生。

陈渠珍生于 1882 年，曾在湘西当过 12 年镇守史。他著有一本很传奇的笔记体小说《艽野尘梦》，讲的是一个清末的下层军官，带兵进西藏的经历和故事。这本书，深深地影响了沈从文。

黄永玉在家乡生活了十二年后，外出闯荡。这十二年，也正是陈渠珍在湘西自治的岁月。黄永玉后来也读到了陈渠珍的书，并对其充满着崇敬和怀念。后来，陈渠珍先生墓地重建，还是黄永玉亲自设计的方案。

了解了这三个人的精神谱系，你会发现，湘西的文脉，就是这样一代代传下来的。陈渠珍影响了沈从文，陈渠珍和沈从文同时影响着黄永玉。

因为这种影响，黄永玉的长篇小说《无愁河的浪荡汉子》，贯通着一代又一代湘西人的精神血脉。

古代有"知人论世"的说法，我想，还应该有"知书论世"的另一种说法——当然，这种说法，是我生造的。了解一个作家的阅读经历和他的精神谱系，可能会对他的作品理解得更加深入。

北大教授金克木先生，有一篇著名的文章——《书读完了》。他说："就书籍而言，总有些书是绝大部分的书的基础，离了这些书，其他书就无所依附，因为书籍和文化一样总是累积起来的。我想，有些不依附其他而为其他所依附的书应当是少不了的必读书或者说必备的知识基础。举例说，只读过《红楼梦》本书可以说是知道一点《红楼梦》，若只读'红学'著作，不论如何博大精深，说来头头是道，却没有读过《红楼梦》本书，那只能算是知道别人讲的《红楼梦》。读《红楼梦》也不能只读'脂批'，不看本文。所以《红楼梦》就是一切有关它的书的基础。"

金克木先生认为："几乎无人不读的书必须读，不然就不能读懂堆在那上面的无数古书，包括小说、戏曲。《易》《诗》《书》《春秋左传》《礼记》《论语》《孟子》《荀子》《老子》《庄子》……这十部书若不知道，唐朝的韩愈、宋朝的朱熹、明朝的王守仁（阳明）的书都无法读。连《镜花缘》《红楼梦》《西厢记》《牡丹亭》里许多地方的词句和用意也难于体会。这不是提倡复古、读经。"

其实，读诗也一样。同样是送别诗，我们可从李叔同的《送别》诗中，找到很多送别的意象：长亭、古道、芳草、浊酒、夕阳、柳……而往上追溯，我们读到一串唐朝的送别诗，再往上，可以从《诗经》中找到它们的源头。不读《诗经》，常常无法理解很多用典，更难以赏析其精妙。

同样的道理，作为教师，我们也要学着"往上读书"。我们绝不能只读当代的作品。无论是文学还是语文教学论著，都要溯流而上。从当代出发，现代的、近代的，乃至古代的，都要读。

当然，好书是无法穷尽的。因此，顺藤摸瓜，"往上读书"的好处，就是尽可能获得对这个事物的完整认知。

再如语文教学，我们总不能只读当代新出的论著（有的老师，连论著都不读，只读论文或者课堂实录），而要由这一部，寻找更多更老的源头的作品。比如，我们可以沿着潘新和老师的著作《语文：回望与沉思》，往上读，深入到叶圣陶、黎锦熙、张志公、朱光潜这几位语文大师的精神世界，了解那一代人对语文有着怎样的认识与研究。再往上，我们可以研究古代私塾的语文教学经验。如此，也许对于语文，我们会有更为清晰的认识。

找到几本源头之书，放在床边，静下心来，慢慢地，细细地读。也许，这是"往上读书"的最好姿态。朱光潜先生说："读书并不在多，最重要的是选得精，读得彻底。与其读十部无关轻重的书，不如以读十部书的时间和精力去读一部真正值得读的书；与其十部书都只能泛览一遍，不如取一部书精读十遍。……先博学而后守约，这是治任何学问所必守的程序。""往上读书"，可能会遇到这种值得"精读十遍"的书。遇见这样的书，乃人生幸事。这样的书，就成了我们的精神导师。

本文开头提到的张文江先生，就是"往上读书"的典范。有兴趣，可以找来《古典学术讲要》读读，你会领略什么是博大精深，什么是鞭辟入里，更重要的是，能窥见作者"往上读书"的真功夫。

张文江先生《古典学术讲要》一书中提及的《风姿花传》，原是日本艺人世阿弥谈艺的经典作品，日本佐藤学先生，根据此书，写了《教师花传书》，提出卓越教师，是匠人与专家的合一。这部薄薄的书，写得甚为精彩。由佐藤学的《教师花传书》"往上读"，读到《风姿花传》，忽然有一天看到张文江先生的《古典学术讲要》，甚是惊喜，甚是过瘾。

"书到今生读已迟"！真正爱读书的人，恨不能拥有"三生三世"。然而，人只有这一世，且一世已近半。（也许已过半了！）无法阻挡岁月的脚步，就让我们从少读当代书开始，试着"往上读书"，读更多有思想洞见和历史景深的好书吧。

教室即研究室，问题即课题，成长即成果

这一讲，我将从自身的经历出发，和一线教师聊一聊怎样从课堂走向课程，走一个自下而上的课程建设之路。我先跟大家分享一下，我当初是怎么从课堂走向课程研究的。

我的电影课程四部曲

2008年12月25日，我参加在广州举行的"媒体看课"作文教学擂台赛。当时的课程内容是一个视频，介绍的是荷兰某图书馆的智能图书椅。视频放完之后，我让学生抓住视频中智能椅的特点，把特点介绍清楚，然后再让他们站在设计师的角度，思考未来图书馆应该怎样设计。学生展开了两轮的头脑风暴。课堂上，孩子们思维非常活跃。当时，于永正先生在台下听课，对我的课做了充分肯定。据说，我的课获得了当时全场最高分。

初尝甜头，甚为兴奋。

之后，我思考：这节课，它的基本样式是什么呢？

依托微电影，展开头脑风暴，进行创意写作——这个视频其实算不得电影。

之后，我有了一个初步的想法：我能不能把看过的一些电影片段剪切下来，让它成为写作素材？或者干脆就用一部完整的微电影，用它训练写作？

于是，我就开始了一节又一节的尝试。到今年，我大概尝试了30多节这样的电影课。

我的电影课程四阶段

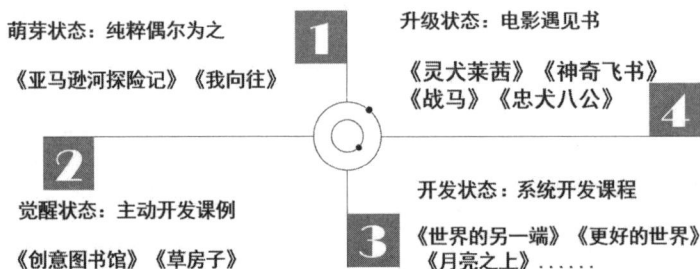

萌芽状态：纯粹偶尔为之

《亚马逊河探险记》《我向往》

1

升级状态：电影遇见书

《灵犬莱茜》《神奇飞书》
《战马》《忠犬八公》

4

2

觉醒状态：主动开发课例

《创意图书馆》《草房子》

开发状态：系统开发课程

《世界的另一端》《更好的世界》
《月亮之上》……

3

课件左上方是我电影课的第一个阶段：萌芽状态——纯粹偶尔为之，几乎没有开发课程的意识。

左下方，是我课程的觉醒状态，我觉得自己应该主动地去开发这一类课例。这是课程的初步觉醒。

再到后来（右下方），我进入了一个系统开发的状态，我有意识地上一节又一节有自己特色的电影写作课。

最后（课件右上方），积累了10多节课之后，我对自己的课程进行升级——电影遇见书，将整本书教学跟电影相结合。

这就是我的电影课程开发的四个阶段。

接下来我重点讲一讲在觉醒阶段，我是如何萌发课程意识的。

当时为什么要选择电影作为一个课程开发的内容呢？其实电影是综合性非常强的一门艺术，涉及音乐、舞蹈、文学、建筑、雕塑、绘画、摄影，把它喻为"世界第八大奇迹"，我觉得一点都不过分。

用电影作为课程媒介，实际上就是走的一条综合性学习之路。我的电

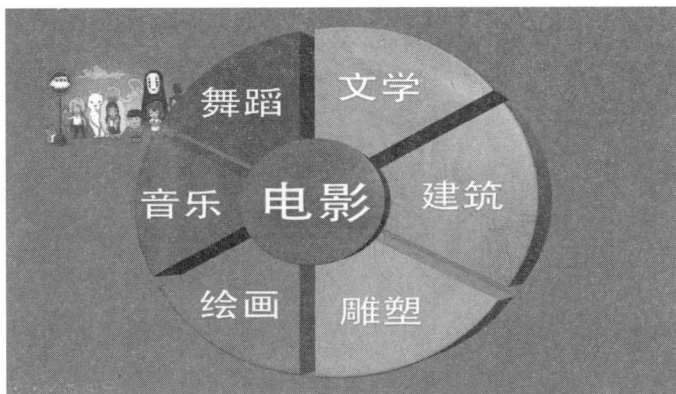

影课大致分为三类：一类是电影欣赏，以欣赏性的电影的特点，拓宽视野为主要目标；第二类是微电影写作课；第三类是电影和整本书的阅读。

其实，电影和文学语言，两者之间有很多的相似性，或者相关性。比方说，电影的远景镜头、中景镜头、近景镜头，相当于群像描写、个体描写和特写。

电影还有一个常用手法就是蒙太奇，在文学当中，它其实相当于意识流——主人公思维非常跳脱，一会儿想到这个，一会儿想到那个。小说《穷人》当中的桑娜忐忑不安地想，这就是意识流，就是心理活动。

电影结局经常出人意料，而小说经常会有陡转式的结尾，欧·亨利的小小说，冯骥才的《俗世奇人》短篇小说，结尾常常出人意料。

电影经常会插入回忆，而写作当中会有插叙、倒叙。

电影的画面经常会有镜头淡出、淡入，这相当于我们写作当中的承上启下。

电影语言和文学语言有很多的一致性，我们甚至可以说，电影其实就是活着的、有声有色的范文。而且，儿童思维是以形象思维为主的，用电影来教作文，更吻合儿童的思维特征，有着得天独厚的优势。

电影写作课怎么上

下面，我以一节课为例子，具体谈一谈电影课怎么上。

我曾经上过一堂课叫《月亮之上》。微电影，微写作，用的是《月神》这部精美的 6 分钟微电影。

导演: <u>埃里康·卡萨罗萨</u>
编剧: <u>埃里康·卡萨罗萨</u>
主演: <u>克丽斯塔·谢富勒</u> / <u>托尼·弗希勒</u> / <u>菲尔·谢里登</u>
类型: 动画 / 短片 / 奇幻
制片国家/地区: 美国
语言: 无对白
上映日期: 2011-06(法国昂西动画节) / 2012-06-22(美国)

> 微写作: 写故事梗概，完善电影海报。
>
> 要　求: 1. 概括主要情节，激发观影期待; (时 、地 、人、事......)
>
> 　　　　2. 文字简洁，不超过160字。

我当时设计了一个电影海报写作环节。我告诉孩子们，电影海报一般来说，有一些基本信息，比如导演、编剧、主演、上映日期等。电影海报的主体，一定有故事梗概，也会有一两句广告词。

之后，我们聚焦故事梗概。我问学生：你觉得要怎么样来写故事梗概？学生说，介绍清楚时间、地点、人物、事情，把基本的情节写清楚。我继续问：要不要把故事的所有细节，最精彩的地方都写出来？学生后来讨论说，可以有一些悬念，把一些精彩的细节，或者意想不到的地方，藏起来，让它成为扣人心弦、抓人眼球的卖点，这样观众才愿意进入电影院。

你看，这就是电影海报的写作知识，不是仅仅把故事梗概写出来就行了，而是在把基本情节理清楚的前提之下，又要把有些东西"遮遮掩掩"。

总之，该清楚的要写得清清楚楚，该藏起来的要"遮遮掩掩"，这就是文体意识。

我们的写作经常缺失了文体，缺失了读者，而这样的一种海报写作教学，它是任务驱动之下，基于交际语境的真实写作。

大家来看，这个网上搜索的一个情节，哪些地方富有悬念呢？

导演: 埃里康·卡萨罗萨
编剧: 埃里康·卡萨罗萨
主演: 克丽斯塔·谢富勒 / 托尼·弗希斯 / 菲尔·谢里登
类型: 动画 / 短片 / 奇幻
制片国家/地区: 美国
语言: 无对白
上映日期: 2011-06(法国昂西动画节) / 2012-06-22(美国)

深蓝的夜空下，宁静深邃的大海中央，摇来一艘名叫"月神（La Luna）"的小船。船上坐着祖孙三代。不知不觉间，散发着乳白色皎洁光芒的满月从海水中升起，悬浮夜空。爸爸支好梯子，男孩背着铁锚爬了上去。原来，那发出光芒的竟然是遍布月亮表面的星星。忽然，一颗巨大的星星从天而降。男孩爬上星星，用锤子轻轻一砸，顿时，满天的星星四散开来。男孩和星星一起飞翔……

"一团巨大的蓝光漩涡，飞转着从天而降。它竟然是巨大的……"，这句话后面的省略号，就是藏起来的一个悬念；"用锤子轻轻一砸，顿时……"，这又是一个悬念；"更神奇的事情发生了……"，又有一个悬念。

这节课的最后一个环节就是让学生完整再看一遍电影，看一遍之后聚焦亮点，分享发现，或者用一句话来表达自己的观后感，写一句话的点评。

这就是这节课的整体脉络：一段视频，两次写作。

教师为什么做微课程

我想表达的一个核心观点就是：一个卓越的老师，要做自己的课程建筑师。为什么要这样说呢？

大家仔细看这一张图，这是李海林先生研制的教师专业成长与知识结构变化图。

◎ **教师专业成长与知识结构变化（李海林）**

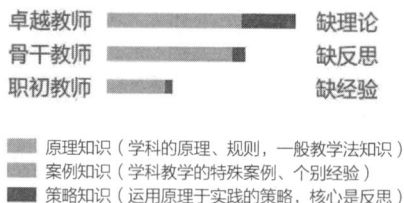

卓越教师 ▰▰▰▰▰ 缺理论
骨干教师 ▰▰▰▰▰ 缺反思
职初教师 ▰▰▰ 缺经验

▰ 原理知识（学科的原理、规则，一般教学法知识）
▰ 案例知识（学科教学的特殊案例、个别经验）
▰ 策略知识（运用原理于实践的策略，核心是反思）

第六届中国教育创新年会 The 6ᵗʰ Educational Innovation Conference of China

职初老师的成长主要任务是建立行为模型，成长的抓手是建立行为规范，改变行为方式。

骨干老师，缺少对经验的反思，所以我们说，骨干老师的成长主要是抓住一些关键事件，对关键事件进行深入的反思，进而改进行动的策略。

而卓越老师，就要去创造自己的课程或者创造自己的话语体系，最关键是改造自己的心智模式，从思维入手。

所以不同时期的教师，成长任务是不一样的。

如果你是一个骨干老师，你要想走向卓越，不要把注意力集中在一节又一节的精品课上；一节又一节的精品课固然重要，但是更重要的是你要建构属于自己的课程。我曾在多个场合一再强调，一个老师，要想从优秀走向卓越，一定要建构属于自己的课程。不然的话，你只是一个公开课舞台秀上的"演员"，秀一次跟秀一百次，差别并不大。

你的学生，没有上你精心打磨的一节公开课，其实损失并不大；你要努力建构属于自己的课程，要努力做到，学生不学你的课程，就是他的损失。那才是你要追求的东西。

课程开发的路径

那么，自己的课程怎样去开发呢？课程开发的路径又是什么呢？

我有这样一个基本观点：教师课程，是生长出来的，也是规划出来的。

说它是生长出来的，就好像一棵竹笋一样，慢慢地冒尖，慢慢地长大了，长成了竹子。开始的时候，谁也不知道这个就是课程，而只是孤立的一堂一堂课。当你把一系列能够代表你的特色的课，放在一起，你会发现，它们已经初具规模；你再把它套一个课程目标、课程内容、课程时间、课程评价，你的课就变成了课程。

课程建设其实有两种路径。一种是自下而上。我的课程的第一阶段就是自己上着上着上成了特色，这就是自下而上。到了一定程度，找一些朋友来聊一聊，进行顶层设计，再找一些志同道合的老师，去实施它，这又成了自上而下。所以，好的课程建设，它一定是自下而上跟自上而下的完美结合。任何学校的课程建设，如果一味地自上而下，只注意顶层设计，没有底层老师的主动创造性的实施，课程建设，只能停留在喊口号的阶段。

这样的课程，只是听起来很美的乌托邦，最后，就可能变成一些写得很华美的文章，拿去获个大奖，然后放在橱窗里，在有人来参观的时候吹吹牛；或是督导评估的时候，拿来换个不错的分数。除此之外，获奖的课程一无用处。这不是危言耸听，而是活生生的现实。

课程建设六步走

教师如果建设自己的课程，具体到操作性的东西，我觉得是有规律的，大致可分为这样6大步。

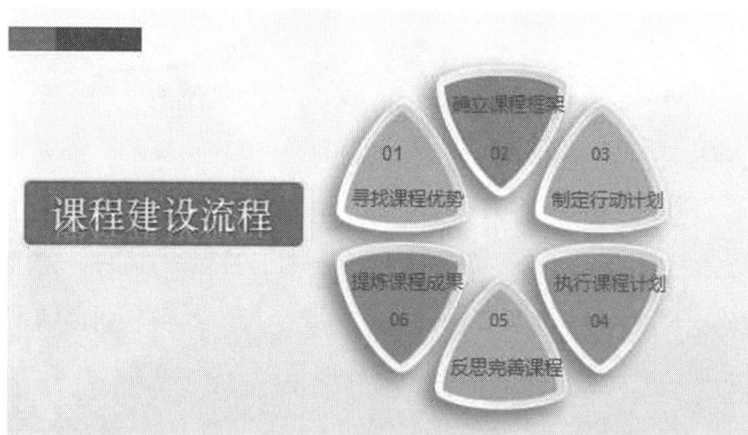

先试着寻找自己的课程优势。经过认真的思考，找到自己的课程优势之后，确立一个课程的框架，包括目标、内容、时间、评价，再制定一个行动计划，精确到每周做什么，把它落实下去，让学生，让你的伙伴来监督你。做课题，最好不要单打独斗，一个团队一起做，是最好的。

然后是执行课程计划，再接着是反思完善课程，因为你的课程在做的过程当中，它一定有不完善的地方，所以要反思完善。一个阶段做下来，我们要提炼自己的课程成果。这个课程成果可以发布在微信公众号上，可以发布在博客上，可以积累案例，也可以编成自己的出版物，或者一本书——其实不要轻易去编书，个人认为，对草根教师来说，教室就是研究室，问题就是课题，成长就是成果。我把这句话再说一遍：教室就是我们的研究室，遇到的问题就是我们研究的课题，师生的成长就是我们的成果。

课程建设，不要朝秦暮楚，东一榔头西一棒子。而要"板凳甘坐十年冷"。一年换一个课题，不是真正的做课题，而是做塑料花。

因此，课程建设要适度的去功利化，师生在这个过程中获得成长，这就是成果。当然，实事求是地总结，顺理成章地获奖，也不是坏事；如果，在合适的范围加以推广，造福更多人，更是课程建设的应然。

怎样寻找自己的课程优势

再跟大家聊聊，怎样寻找课程优势。

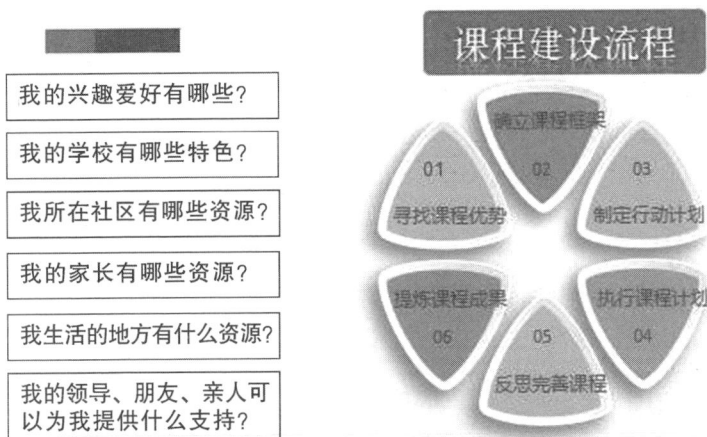

- 我的兴趣爱好有哪些？
- 我的学校有哪些特色？
- 我所在社区有哪些资源？
- 我的家长有哪些资源？
- 我生活的地方有什么资源？
- 我的领导、朋友、亲人可以为我提供什么支持？

课程建设流程

01 寻找课程优势
02 确立课程框架
03 制定行动计划
04 执行课程计划
05 反思完善课程
06 提炼课程成果

怎么去寻找课程优势？这一点是最关键的。

我们要问自己一些问题：我的兴趣爱好有哪些？一个老师，如果发现他的课程跟自己的兴趣爱好是相吻合的，那他的工作，就是幸福的。

然后再去问一问：我的学校，有哪些特色？学校的特色如果跟自己的兴趣爱好结合在一起，那么你的课程必定会成功。

接着进一步追问：我所在的社区有哪些资源？我的家长有哪些资源？我生活的地方有什么特色？比方说杭州，可研究的地方就很多，名人故居、西湖楹联、民间故事，都可以成为很好的研究课题。

怎样评价课程

最后，我想说一下课程评价。课程评价，不等同于考试，它包含几个层面：

第一，是对课程设计的评价，也就是说你的课程计划是否科学、合理。

第二，是对学生是否掌握课程内容的评价。

第三，是对课程当中教师参与状况的评价。

课程计划是否完善，是否合理？课程当中的学生，是否达成预期目标？课程研究中的老师，参与热情、完成研究的状况如何？……等等。只有把这三个维度的问题想清楚，课程才做得好。

课堂，是教师成长的麦田；
课程，是教师自己的庄稼

对今晚的课，我想总结成一句话：课堂是教师成长的麦田，课程是教师自己的庄稼。愿每一位老师，都拥有一块非常迷人的、漂亮的、属于自己的麦田。

教学不只有眼前的分数，还有诗与远方。诗与远方，靠我们自己去追寻。

愿老师们在课程建设之路上，越走越远，越走越坚定。

Chapter 3

教学：我们的核心竞争力

黑夜中大雪纷飞的课堂

停电。又是停电。

这已是我生命里第二次在大型公开课上遭遇停电。

第一次停电，徐州。《神奇飞书》一课后三分之一时段，停电了，话筒不响，台上半明半昧。我让学生使出洪荒之力，站在舞台正中，对着全场喊话。课堂，柳暗花明。

这一次，上课前就停电。最糟的是，我的嗓子沙哑到近乎失声！借助音效，上一节计划中的《神奇的探险》，绝对不可能了！

台上，一片昏暗。话筒不响，屏幕漆黑，我和孩子，仿佛身处暗夜。

台下，一阵骚动。偶尔传来老师们的怨声。主办方告知，变压器检修，电压低，上午不可能来电。

大脑快速转动。

试图用上次徐州的招数，再救一次险。我让一个孩子站在舞台正中，和老师们沟通，看看能否在黑暗中，上一节特别的口语交际课。

"不行!"

"听不到!"

"没空调! 冷!"

"退票!"

老师们，情绪激昂；会场内，近乎失控。

下意识地，我打开手机，开启手电筒模式，让老师们看到我，便于进一步沟通。一束光，射向了黑暗的人群。我故意晃了晃，光，也跟着在会场各个角落晃动。

忽然，奇迹般，人群中，也亮起了光。一束光，两束光，三束光……星星点点，明明灭灭。

仿佛暗夜里，有光，从各个角落，次第亮起来。

台下一束束光，呼应着台上一束光，闪闪烁烁，整个会场，灿若银河。

看着这闪烁的银河，我的脑子，灵光一闪。

"老师们，接下来啊，我要从你们当中选出 10 名志愿者。请你们用手机的光，照亮孩子们，照亮课堂。参与的老师，我会赠送一本我最新出版的签名书！"

话音刚落，冲上来近 20 名老师！

志愿者们，如一颗颗闪亮的星星，散落在孩子们中间。一束束光，从他们的手机里，照到孩子们的作文本上，也照进了孩子的心里。

有了光亮，便有了温度。孩子们，兴奋了起来。

我简单地和孩子们交代了写作任务：把停电的场景、星光闪烁的场景和老师们当志愿者的场景，以及不同场景下自己的感受写清楚，用质朴真挚的文字，留住这有光的课堂。

我一再强调，只要真实，文字就会动人。

若明若暗的光亮中，孩子们开始安静地写作。

台下的老师们，继续在黑暗中静默着。没有一个人说话，大家静静等待。偶尔，有几束光，在闪烁。

大约是怕惊扰这静谧的星空吧，我快步走下舞台，借助"小蜜蜂"，压低嗓音，和老师们聊起来。

——我聊《神奇飞书》的柳暗花明；

——我聊《狼牙山五壮士》的一败涂地；

——我聊《灵犬莱西》的思路大动；

——我聊《一个小村庄的故事》临场换课；

……

——我说，"教师，要做报春使者，俏也不争春"；

——我说，"阅读阅读再阅读，写作写作再写作，教师要把自己修炼

成一本教科书";

——我说，"我们无法掌控自己的身高，却可以让自己的精神海拔长高"。

......

台上，闪烁的星海里，孩子们在安静写作；

台下，静谧的黑暗中，老师们在安静聆听。

估摸着，过去了15分钟。我把五六位孩子请上来，让他们开始分享。

我请离我最近的三位老师，为孩子们打亮灯光。闪闪光亮中，孩子们借助"小蜜蜂"扩音器，安静地读起文章来。

明亮的光，在孩子眼前闪烁，也在作文本上闪耀。

因为有鲜活的情感体验，孩子们的文章写得挺精彩。过程交代清楚，感受独到新鲜。

他们的文章，当然不会完美无缺。有些孩子，没抓住"星光闪烁"和"星光中写作"两个画面展开细描。

我以如何描写"星光闪烁"的画面为例，和孩子们谈写作中细节的重要性。

因重感冒，我不时擤鼻涕。有个乖巧的孩子，悄悄递给我一包餐巾

学生在手电映照下分享作文

纸；有个贴心的老师，趁人不注意，悄悄递给我一张餐巾纸……

孩子们大都以"今天，我在昆明五华区青少年宫开头……"为开头。这样的开头，有些千篇一律。于是，我现炒现卖，以老师们排成一排为孩子们点亮课堂为例，告诉他们，如何以特写镜头切入……

好文章，得有好题目。果然，孩子们拟出了一个个精彩的题目——

《无声的关爱》《充满爱的作文课》《夜空中最亮的那颗星》《"星光"作文课》……

孩子们出的作文题

我邀请老师们参与拟题。《点灯人》《点亮》等题目，诗意隽永。

"你点亮了我，我点亮了他，他点亮了他们，他们点亮了世界。"一位听课老师的发言，赢得了大家的热烈掌声。

如果让我取题目，我该取什么呢？望着眼前这一幕，忽然内心一动，我想起著名诗人木心的句子："我是一个在黑暗中大雪纷飞的人啊！"

眼前的场景，不就是"黑暗中大雪纷飞"么?!

对，就用它做题目，记录这浪漫而温暖的课堂。这暗夜里点点微光，告诉我，也告诉所有场内外的老师们——

课堂，有光；生命，有光。

附：听课老师速写

意外生成新课堂，创意点亮"满天星"

云南　段永祥

祖庆老师准备的习作课是五年级的《神奇的探险》，九点四十开讲。直至他走上讲台，九点左右意外停了的电，还没有来。微弱的应急灯只能让人看出人物的大致轮廓。

会场里光线暗淡，环境阴冷，话筒哑了，老师们的话语声使会场逐渐嘈杂起来。有老师喊："没有暖气！""听不到！""我们要退票！"会场接近失控。

祖庆老师扶着一位男孩来到台中央。男孩面带微笑，声音清晰响亮："老师们好！突发状况，老师临时调整，让我们写习作课堂遇到停电这件事，可以吗？"

"可以。"

"不可以。"

张老师打开手机手电筒的灯光，和男孩在台上挥舞手机。那光像被挥舞成一条细长的光带。

听众席上，老师们说话的声音小了，慢慢停了。一位老师打开手机手电筒，举起手机回应台上的挥舞。又一位老师的手机也举起来，一位又一位老师，手臂化成树林，手机亮起灯光，一颗星星一颗星星在会场升起，亮成一条银河。

张老师把男孩送回座位，带几个孩子在黑板前排成一排。"我们来说一说课堂遇到停电，你的感受是什么？"

一个学生说："有一种瞬间从早晨到黑夜的感觉。"

另一个学生说："我们要写《神奇的探险》，我以为是老师故意设计停电的，制造神秘紧张的气氛。"

学生们一个接一个说着自己的想法和感受。台下，掌声四起。

祖庆老师说："下面，我想请一些老师帮忙——上台照亮孩子的写作。有愿意的老师吗？"话还没说完，台下的老师就纷纷蹿出座位，走上讲台。老师们站到学生旁边，打开手机手电筒，给学生亮起一盏盏写作之灯。

孩子们写着，祖庆老师走下台，讲述这些年来天南海北上课遇到的层出不穷的问题。他说："有一次上课，主办方从辅导机构找了十几个孩子，年龄不一样，年级不一样，没有预习过课文。课上得不如预期。活动结束，我心里对主办方有了抱怨。后来，我看到于永正老师对自己一次授课活动的记录——遇到学生不举手，于老师放慢脚步，引导学生从举手不用回答，到举手回答简单问题，鼓励孩子，让孩子迈出第一步。"

祖庆老师说："那一刻，我明白了自己和于老师的差距。我们上公开课，更多时候是让学生配合我们，呈现更多精彩给老师看到。于老师不管什么时候，都是自己去配合学生，让孩子获得成长。"

祖庆老师说："我们的言行影响着学生。老师们要包容。公开课上遇到任何意外都不要抱怨。"

"语文老师最好的修炼是阅读，阅读，再阅读；写作，写作，再写作。读，丰盈自己的内心；写，记录自己的生活。我们要增加自己精神海拔的高度，做一个绣口锦心的人。"

"老师要做有心人，捕捉学生生活中的点点滴滴，注重课堂生成，也要关注生活生成。"

学生的作文写好后，他让孩子们朗读展示，指导学生要把最动人的场景"放大"。他说："就这堂课来说，台上台下灯光相互交映和志愿者老师为我们照明这两个场景就应该用细节放大，用文章的细节去打动人。"

最后，他让学生给习作加个题目。学生加得很出色：《无声的关爱》《夜空中的那盏灯》《我也要做那颗"星星"》《"星光"作文课》……

祖庆老师也让观众席上的老师加了题目——《点灯人》。

祖庆老师总结自己这节课："从课堂的角度来说，这堂课的效果肯定不如我事先准备好的《神奇的探险》，但从教育的角度来说，收获比那堂课要多得多。"

祖庆老师沉着、机智地掌控了停电后的会场，稳定了老师的情绪，教了学生表达。这堂因停电意外而生成的课堂，祖庆老师用创意完美救场，让老师们参与其间，让我们遇见由"星星"汇聚成的闪亮的"银河"！

　　祖庆老师就是一位点灯人，用他的智慧、创意点亮学生，也点亮在场的每一位老师，把包容和乐观传递给我们。

"无我"与"有我"

1

奉化溪口三隐潭，岩壁上赫然写着"无我"两个大字，引得游客纷纷拍照。其中深意，大可玩味。

想起一个颇有禅意的故事。

法庆禅师的侍者因读了禅书《洞山录》，感慨地说道："古人在生死中那么任性，实在好奇怪！"法庆禅师因而答道："我坐化时，你可用话唤醒我，若叫得回来，亦即生死自在之士，奇怪，也不奇怪。"侍者看看禅师，禅师作预言颂云：

"今年五月初五，四大将离本主；

"白骨当风扬却，免占檀那地土。"

时光飞逝，到了五月初五，禅师将所有衣物交给侍者供僧结缘，刚听到初夜的钟声，就跌坐圆寂，脉搏停止，呼吸全无。侍者记取当时谈话，即刻唤道："禅师！禅师！"

许久，法庆睁开眼睛，问道："做什么？"

侍者："禅师为什么不将衣帽鞋袜穿好而去？"

法庆："当初来时，我根本就不曾带什么呀！"

侍者一定要将衣服给法庆禅师穿上。

法庆："一点都不肯留给后人。"

侍者："正恁么时如何？"

法庆："也只恁么。"并又写了一偈——

"七十三年如掣电，临行为君通一线；

"铁牛蹾跳过新罗，撞破虚空七八片。"

说完，端然坐化。时间是金皇统三年（1143）五月五日，七十三岁。

法庆禅师觉得自己来时一无所带，走的时候也无牵无挂，乃真正勘破了名利、欲望。

历史上很多人，都是信奉来时一无所有，去时一无所有的。但大部分人，至少还是会给自己找一个归宿。哪怕坐化了，也留个衣冠，名曰"衣冠冢"。法庆禅师，连这个都省了，他比那些人，更洒脱。

如此洒脱，靠的是无欲求之心。

2

这样的"无我"之境，一般人难以达到。

三句话不离本行，一介教书匠，说着说着，回到课堂。

好，就来说说课堂。课堂上的"无我"之境，真不是一般人能达到的。尤其是公开课，底下坐着几十几百号甚至几千号人，上课者，真能做到"无欲求"，真能像法庆禅师般洒脱吗？

难！

想起了十年前不堪回首的往事。

2010 年 10 月，我在济南上《狼牙山五壮士》。因学生临时换的，没有预习过，加上基础特别差，我没有根据真实学情调整教学方案，而是按照既定方案，墨守成规地演绎教案，结果课上得一塌糊涂。（详见《给语文教师的新建议》之《我的败课史》以及本书第一章《灵魂被触痛，生长便开始》）。

后来，我在于永正先生《教海漫记》一书中，找到了"郁闷"的根由。

先生在一篇文章中提到，一次，他去新疆上课。遇到一班很特别的孩子，无论先生怎么调动、启发，都不举手。先生干脆带着他们一字一句地读书。书读了两遍，孩子们慢慢自信了。一些简单的问题，也能回答出来了。

恍然大悟！

制造课堂尴尬的，正是我自己。而我，却一直在埋怨主办方临时换人。

事情已然发生，我却没有顺应事实，改变设计，按部就班地"演绎"所谓的"精彩设计"。说穿了，是"我执"在作祟。

总以为自己是被邀请上课的"名师"，总以为"名师"必须得上出创新的课，于是，不肯放下自我，不肯改变思路，作茧自缚，画地为牢，在自己幻想的"美好课堂"里，越陷越深。

彼时，我若能放下"我执"，坦荡地面对听众，按照学生现有基础，从预习做起，教学生把课文读通顺，把基本内容搞清楚，也许，这节课孩子们会有真实的收获。

然而，我没有放下"我执"，处处想着"我"的名声，处处想着"我"的教案，处处想着"我"的创意："我"，在脑子里根深蒂固；"我"，在课堂上不肯退让；最后，"我"却头破血流。

怪谁呢？怪"我"！

3

"我"在上课，于是"我"必须精彩，成了公开课的天经地义。所以，我们常常会看到，"我"无处不在的课堂。

116

"我"在滔滔不绝地提问理答，课堂妙语连珠，观众笑声四起；

"我"在行云流水地播放课件，课件精美绝伦，观众大饱眼福；

"我"在展示自己的高超朗读，读得声情并茂，观众大呼过瘾；

"我"在展示自己的文本细读，讲得眉飞色舞，观众大受启发；

"我"在忙这忙那一刻都不休，忙得不亦乐乎，观众大声喝彩；

……

"我"在场了，"你"却被淹没了——课堂上真正需要在场的一个个鲜活的"你"——学生，被"我"的光芒掩盖了。

"我"太精彩了，"你"便黯然了；

"我"成了主人，"你"成了客人；

"我"太忙碌了，"你"便空闲了。

台湾李玉贵老师说："好的课堂，是老师上着上着不见了。"这种"老师上着上着不见了"的课堂，就是"无我"的课堂。

这样"无我"的课堂，目前，尚属稀有品种。但，也有人在悄悄实践。

以特级教师林莘为代表的"学习共同体"的课堂，便是努力淡化"我"，突出"你"的课堂。

前段时间，我在深圳听到了林莘老师的高徒陈秀娟老师的课。这是一节典型的"我"逐渐隐退的课堂。

老师的话，很轻柔，很安静，很少。课堂的大部分时间，都是学生在言说，有时候，甚至整整四五分钟，老师，一直安安静静地递话筒。

但是，安静，不是不作为，而是静水深流。学生的思维，在这安静中，深度碰撞。学生的精彩发言，让人惊叹。

我的课堂上，就有多次"无我"的经历。

2010年，自己班里。嗓子彻底失声，期中试卷讲评迫在眉睫，于是，我借助电脑，让学生代替我讲评试卷。我利用键盘和投影，用文字和学生对话。整节课，孩子们成了课堂的主人。我用文字提问，孩子们用声音回答，我用文字表扬、总结，孩子们听得津津有味。偶尔，我敲击键盘，和他们开个小玩笑。这节课，他们上得特别出色。

2012年，我在"千课万人"执教《穷人》。第一课时，我让学生在字里行间，寻找托尔斯泰写穷人"穷"的地方。这个环节，相对比较简单。于是，我把课堂组织任务，交给了一个学生，让学生自己上课，自己分享。我则坐到学生的位置上，成为学生的一员。上课的"小老师"，居然跟我开起了玩笑："那个，张祖庆同学，你来回答……"学生表现，非常精彩。

2014年，我上《微电影 VS 微辩论》，前十分钟，让学生观看电影片段，因学生对影片主人公的行为颇有争议，于是我把他们分成两大组后，自己干脆坐在学生的位置上，让他们自己上台进行观点碰撞和言语交锋。整节课，我出场的时间，估计不到十分钟。但整节课，思想火花四溅，掌声四起。

2017年10月，我在深圳执教《微电影 VS 微影评》，组织学生再次观看皮克斯的动画短片《月神》，我让他们发现影片中的精彩细节，而后，组织学生们召开"观影沙龙"。我把整个沙龙交给学生组织，自己则坐到了观众席上，成为那个鼓掌的人。观影沙龙组织得非常成功，孩子们的精彩发言，赢得了老师们的阵阵掌声。

……

这样的课堂，老师消失了。学生有了整块的时间参与课堂，他们成了真正的课堂主人。孩子们的主体参与感被激发，老师习惯性的接话头也不再存在。整个时间段，都是学生在实践语言。这样的课堂，教师暂时的"无"，换来课堂上别样的"有"。

4

很多时候，"无"，其实是"有"。"无我"的课堂，恰恰因为"我"的退场，让课堂充满着因"无"而"有"的魅力。

"蹲下来看学生"，不是一句口号

"蹲下来看学生"，是很多老师一直奉行的教育理念。这句话，也一次次出现在论文、随笔、总结里。其实"蹲下来看学生"，不仅仅是一种形式，而是发自内心的教育认同和体现在教育教学中的自觉行动。

1

某次公开课，一位中年教师在上课。起先，他是站着和孩子们说话的。后来，他竟"消失"在孩子当中。

不是某个环节消失，而是整个教学过程，凡是有学生发言，这位老师都做深蹲状。学生站在讲台上，他蹲得比学生矮，仰着脑袋，给学生递话筒。

甚至，教师穿行在学生中间，都是蹲下来移动身子的。整节课，教师一次又一次地"消失"，听课老师只看见移动的话筒和学生发言的姿态。偶尔，老师回到讲台，才露出他的"真身"。讲完几句话，教师又"消失"在学生当中。

课后，这位上课的老师，开始阐释自己的理念。他说，与其坐而论道，不如躬身践行。于是，他用自己的实践，诠释"蹲下来看学生"的教育理念。

说实话，听课的全过程，我是浑身起鸡皮疙瘩的。难道，这就是"蹲下来看学生"？"蹲下来看学生"就是老师自己佝偻着腰，猫着脚步行走于课堂？我只能说，这样的所谓"蹲下来看学生"，实在是一种可笑的作秀。

这是对"蹲下来看学生"的亵渎！

2

"蹲下来看学生"，绝不是表现在外在的形式上，而是表现在教育生活中师生的人格平等，教学设计时的目中有人，课堂对话中的相互尊重。

"蹲下来"，不是身体的装模作样，而是对教育理念的自觉认同。一个真正"蹲下来看学生"的教师，绝对不会以"师道尊严"来看待学生和老师的关系。"师道尊严"思想支配下的课堂，教师常常把自己架在"神圣不可侵犯"的高高的地方，容不得学生质疑，容不得学生反驳，容不得学生直呼其名，容不得学生说半个不字。这样的课堂上，教师是不可侵犯的长官，是绝不容许反抗的家长，是不可辩驳的真理化身。这样的课堂，没有笑声，没有对话，严肃得像一篇枯燥的论文，绝不是清新耐读的散文，也不是充满欢笑的小品，更不是浪漫抒情的诗歌。

"蹲下来看学生"的课堂，是有充分安全感的课堂。教师允许学生出错，允许学生顽皮，允许学生不回答问题，允许学生走神，甚至允许学生开玩笑，允许学生和老师争论不休。这样的课堂，对错不是教学目标，充分的思考、能力的习得、智慧的碰撞，才是教学的最终目标。

"蹲下来看学生"的课堂，是洋溢着教学民主的课堂。教师不再是单向传授知识的长者，也不是机械训练的教官，而是学习活动的策划组织者、学习资源的开发与生成者、课堂对话的参与推进者。在这样的课堂上，教师不再是权威，不再是结论提供者和讨论终结者，而是真正的学习伙伴，是学习共同体当中一个比学生大几岁或几十岁的普通一员。

"蹲下来看学生"的课堂，是每个学习者都会受到尊重的课堂。"我不赞同你的观点，但我坚决捍卫你发表观点的权利。"这样的课堂上，我不嘲讽你，也不奚落你，而是充分地信任，耐心地等待，必要的时候，给出学习支架和充分思考的时间，努力让每一个学习伙伴都有进步，都能获得足够的尊重。这样的课堂，求知的愿望被充分点燃，学习的潜能被充分发掘，大部分学生都能获得高峰体验。这样的课堂，孩子们兴致勃勃参与，兴犹未尽下课，翘首期待下节课。

"蹲下来看学生"的课堂，是贴近每个孩子最近发展区的课堂。学习基础好的孩子，愿意选择有挑战性的任务完成；学习基础差的孩子，能够在老师和同学帮助下，挑战自己，最终获得成功体验。这样的课堂，是各美其美、美美与共的课堂。这样的课堂，是原始森林，每一片树叶都不会彼此嫌弃；这样的课堂，是交响乐章，每一个音符都奏出和谐旋律。

3

真有这样的课堂吗？有！

让我们来看几组镜头——

镜头1：

阅读课上，教师和孩子在学习《一个小村庄的故事》。教师指名坐在倒数第三排的孩子朗读课文第一段。孩子站起来，眯缝着眼睛，费力地读起来。读着读着，停下来。

教师走到学生身边，轻轻地问："是看不清楚吗？"

学生回答："嗯。"

"你愿意坐到看得见的地方吗？"

学生点头。

于是，教师让该学生把课本和学习用品都带上，离开座位。教师拎着学生的椅子，往讲台前走去，把椅子放在过道第二排的位置，示意孩子坐下，并问孩子，是否看得见。

孩子点点头。教师让这个孩子再次起立，读课文第一段。这回，孩子非常流畅地读完了。教室里响起热烈的掌声。

"对不起，孩子们，老师没有想到屏幕这么小。现在，你们自由把课文读两遍，老师把课件上的字调大。"孩子们开始朗读课文，老师当众修改课件——把好多页面上的字，拆成了两页，字体放大了近一倍。

学生读完，教师也改完。教师指着字最多的那一页问："现在，都看得见吗？看不见的请举手。"

没有一个人举手。教学继续。

课堂上，教师把看不见课件的孩子请到前排，当众修改课件，这才是真正的"蹲下来看学生"。

这样的课堂，是一篇温情脉脉的散文。

镜头 2：

作文讲评课，老师让孩子们欣赏孩子们写小孟的作文。老师让小孟上台，配合相关作文，同步朗读——只要涉及写这个孩子的语言，都由该学生当场朗读。小孟天生具有表演天赋，一下子就进入角色。小孟通过抑扬顿挫的语言、惟妙惟肖的肢体动作、入情入境的表演，逗得孩子们哈哈大笑。

欣赏毕，老师问："小孟啊，你有什么想说的？"小孟继续戏精上身，摇头晃脑，念念有词："作为班级里这么媚~~~（配合甩头）的吃货，我觉得很光荣，不是不光荣。"甩头，扬眉，微笑，一副奥斯卡大奖获得者的表情，逗得师生哈哈大笑。

这还没完。正当老师暗示她回位时，小孟突然来了一句："美术老师，你不要偷笑好不好……"

又一阵狂笑。原来，美术老师在后台笑，被小孟看到了。小孟同学，竟然在千人的会场，当众调侃自己的美术老师。

整节课，笑声不绝，其乐融融。

这样好玩的课堂，源于孩子的表演天赋，也源于课堂上安全氛围的创设和独特的教学民主。

这，才是真正的"蹲下来看学生"。

这样的课堂，是一则让人开怀的小品。

镜头3：

《微电影微影评》课堂进行到第十分钟。老师来到一个男孩身边。教师发现该男孩犹犹豫豫地举手，不坚定的样子。于是，教师让该男孩起立，让他说说最难忘的画面是什么。

男孩说得不错，但声音不够自信，目光一直躲闪。回答完毕，老师对孩子说："孩子，你其实回答得很好，就是不够自信。这节课，老师会盯着你，你有信心在课堂上至少再举三次手，不断超越自己吗？"

孩子犹豫片刻，轻轻地说："有！"

"请再自信地说一遍！"

"有！"孩子鼓起勇气。

老师和孩子当众拉钩。

此后的教学中，老师多次来到男孩的身边，不时地和他交换意见，摸摸他的脑袋，和他耳语几句。

男孩每一次举手，都被老师发现，他的回答也越来越自信。孩子后来回答了四次。

最后一次，举行"观影沙龙"。老师让男孩坐到了主席台 C 位，让这个男孩首先发表意见。

孩子不负众望，自信而精彩地表达了自己的观点。

掌声，骤起。

让不够自信的孩子，在课堂上体验成功，树立信心，点燃学习激情。这，才是真正的"蹲下来看学生"。

这样的课堂，是浪漫美好的诗篇。

4

"蹲下来看学生"，学生才会还给我们惊喜；

"蹲下来看学生"，学生才会在课堂上绽放；

"蹲下来看学生"，学生才会反哺教育智慧。

"蹲下来看学生"，不是表演，不是噱头，无须刻意，更用不着苦心经营。

"蹲下来看学生"，是水到渠成，瓜熟蒂落，大巧若拙，妙手天成。

"蹲下来看学生"的课堂，是生命拔节的摇篮，是身心舒坦的地方；

"蹲下来看学生"的课堂，是智慧的伊甸园，是师生的浪漫谷。

"蹲下来看学生"，真的不是一句口号。

文学性文本教学解读的三把钥匙

　　文本教学解读功夫，是语文教师极为重要的基本功。小学语文课本中，约三分之二的文章，都是文学作品。文学作品解读的基本功，除了靠大量高品位的文学阅读，在反复阅读中潜移默化、逐步提升之外，其实，也是有门道的。找到这样的门道，就找到了打开文学大门的钥匙。窃以为，文学文本教学解读，有这样三把重要的钥匙。

第一把钥匙： 抓文本矛盾处

　　文本中，有些看起来矛盾的地方，常常是作家构思运笔匠心之所在。抓住矛盾处，细细玩索，摩挲品味，往往可拨云见日，发现文本之别有洞天。

　　列夫·托尔斯泰的《穷人》，是小学语文教材的"钉子户"——几乎所有版本的教材，都有这篇小说的一席之地。从教31年，这篇文章一直都在。然，教书前15年，我一直没有发现这篇文章里中藏着的一处极为重要的"矛盾"之处。2004年，我再次备这节课，我又一次大声读课文，读着读着，发现了文本中藏着的"矛盾"。

　　第三自然段，"睡觉还早"。

　　小说一开篇，把我们带到寒冷的冬夜。屋外狂风怒吼、波涛汹涌，屋内温馨宁静、温暖舒适。第二段，介绍了家庭的基本情况。第三自然段，出现了本文最短，但最有力的句子——"睡觉还早。"

126

这"睡觉还早",是文本极度矛盾之处。联系上下文,你会发现,其实睡觉"不早"了——

"孩子们在海风呼啸声中安静地睡着。""古老的钟发哑地敲了十下、十一下……""她想看看灯塔上的灯是否亮着。""我也不知道,大概是昨天吧……"

这些文字,都告诉我们,睡觉真的不早了。那么,为什么桑娜却觉得"睡觉还早"呢?

原因无他。穷!

因为穷,所以渔夫在恶劣的天气还要出去捕鱼;

因为穷,所以桑娜要在晚上做很多很多的家务;

因为穷,所以那么晚,桑娜还觉得"睡觉还早"。

短短四字句,笔力千钧,极富张力!

教学中,教师可抓住"睡觉还早",追问"明明睡觉不早了,为什么桑娜觉得'睡觉还早'?"即可以带领孩子们逼近文本内核。

文本矛盾处,也是文本张力处。抓住这样的矛盾,我们就能触及文本主旨,逼近文本内核,理解作者用心。

这样的矛盾,需要用心寻找,潜心体察。

《祖父的园子》,文章第一段"我家有个大花园"与后面园子"一切都是自由的",也是一组矛盾。

一般来说,写花园的文章,重点应该写花园之大、花园之美,而《祖父的园子》,写花园的大和美,第一段轻轻带过,文章后半部分,把"一切都是自由的"当作重点来写。这不是和常理相矛盾吗?带着孩子们探究,就能发现文本的秘密:原来,这篇文章,作者不是为了写花园之美;借花园万事万物之自由,写出作者萧红对童年生活的怀恋,才是文本想要告诉读者的。

抓住矛盾,涵泳体察,方能探得骊珠。

第二把钥匙： 抓文本反复处

反复，是最常用的修辞手法。反复具有突出思想，强调感情，分清层次，加强节奏感的修辞效果。因此，它被运用于各种文体中。在文学作品中，特别是诗歌中运用反复，能够表现强烈深挚的思想感情，起到强调主题、增强旋律美的作用。文本反复处，往往也是作者最用心之所在。很多文章，作者往往反反复复地用类似的句式，表达同样的意思。

《祖父的园子》，这段话，是全文的华彩乐章——

> 花开了，就像睡醒了似的。鸟飞了，就像在天上逛似的。虫子叫了，就像虫子在说话似的。一切都活了，要做什么，就做什么。要怎么样，就怎么样，都是自由的。倭瓜愿意爬上架就爬上架，愿意爬上房就爬上房。黄瓜愿意开一朵花，就开一朵花，愿意结一个瓜，就结一个瓜。若都不愿意，就是一个瓜也不结，一朵花也不开，也没有人问它。玉米愿意长多高就长多高，它若愿意长上天去，也没有人管。

这段话的核心意思，就是"园子里，一切都是自由的"。作者并没有用这样简单的话来写，而是抓住了"花""鸟""虫子""倭瓜""黄瓜""玉米"等事物，用"愿意……就……"这样一再出现的句式，反反复复地表达同一个意思。

这反复，就是文本最值得关注的地方。而且，这段话中，"愿意……就……"出现了很多很多次。教学中，可以问孩子们，能否把"愿意……就……"去掉？为什么作者如此反反复复地表达同一个意思？

这样的追问，孩子就能很好地领略作者写作的匠心。

《金钱的魔力》，服装店老板喋喋不休地说话——

"把那么一套不像样子的衣服卖给一位脾气特别的百万富翁！托德简直是个傻瓜——天生的傻瓜，老是干出这类事情。把每一个大阔佬都从这儿撵跑了，因为他分不清一位百万富翁和一个流浪汉，老是没有这个眼光。啊，我要找的那一套在这儿哩。请您把您身上那些东西脱下来吧，先生，把它丢到火里去吧。请您赏脸把这件衬衫穿上，还有这套衣服；正合适，好极了——又素净，又讲究，又雅致，简直就像公爵穿得那么考究。这是一位外国的亲王定做的——您也许认识他呢，先生，就是哈利法克斯公国的亲王殿下，因为他母亲病得快死了，他只好把这套衣服放在我们这儿，另外做了一套丧服去——可是后来他母亲并没有死。不过那都没有问题，我们不能叫一切事情老照我们……我是说，老照他们……哈！裤子没有毛病，非常合您的身，先生，真是妙不可言，再穿上背心，啊哈，又很合适！再穿上上衣——我的天！您瞧吧！真是十全十美——全身都好！我一辈子还没有缝过这么得意的衣服呢。"

《和时间赛跑》，爸爸说的"所有时间里的事物，都永远不会回来了"——

"所有时间里的事物，都永远不会回来了。你的昨天过去了，它就永远变成昨天，你再也不能回到昨天了。爸爸以前和你一样小，现在再也不能回到你这么小的童年了。有一天你会长大，你也会像外祖母一样老，有一天你度过了你的所有时间，也会像外祖母永远不能回来了。"

《穷人》，桑娜把西蒙的孩子抱回来，忐忑不安地想——

桑娜脸色苍白，神情激动。她忐忑不安地想："他会说什么呢？这是闹着玩的吗？自己的五个孩子已经够他受的了……是他来啦？……不，还没来！……为什么把他们抱过来啊？……他会揍我的！那也活该，我自作自受……嗯，揍我一顿也好！"

　　凡此种种，都是反复。抓住了这些反复，研究作者为什么要这样反复，也就抓住了文本的内核。

第三把钥匙： 抓文本易被忽略处

　　小说《穷人》中，有一处看起来可有可无的闲笔。桑娜提着马灯，去看望生病的邻居西蒙，发现西蒙已死。托尔斯泰以白描的手法，刻画了极其悲惨的场景。这段话的开头，是这样写的："屋子里没有生炉子，又潮湿又阴冷。桑娜举起马灯，想看看病人在什么地方。首先映入眼帘的是对着门的一张床，床上仰面躺着她的女邻居。""对着门的一张床"，这是一处看起来可以忽略的地方。但是，细细揣摩，你会发现，这个细节，极其传神。

　　大部分人家，"对着门的"绝对不是"一张床"，而是"客厅""沙发""吊灯"，等等。那么，为什么西蒙的家，是"对着门的一张床"呢？这就是家徒四壁！穷得叮当响的家，才会有"对着门的一张床"！

　　这貌似不经意的一句话，简直神来之笔。这是需要带着孩子们细细琢磨的。

　　人教版曾有篇文章《凤辣子初见林黛玉》，写王熙凤的出场，好多孩子会误读王熙凤，认为王熙凤是个热情、细心的人。孩子们往往从下面的几句话里，找到依据——

这熙凤听了，忙转悲为喜道："正是呢，我一见了妹妹，一心都在他身上了，又是喜欢，又是伤心，竟忘记了老祖宗，该打该打。"又忙携黛玉之手，问："妹妹几岁了？可也上过学？现吃什么药？在这里不要想家。要什么吃的，什么玩的，尽管告诉我。丫头老婆们不好了，也只管告诉我。"

粗看，我们仿佛认为王熙凤热情洋溢，体贴细腻。然而，细细读，你便发现语言形式背后藏着的秘密。如果王熙凤真正关心林黛玉，就应该采用一问一答的方式：王熙凤问一句，林黛玉答一句。但是，王熙凤却不等黛玉回答，竹筒倒豆子似的连续发问。这，哪是真正的关心人啊！王熙凤这一连串话，分明是说给老祖宗听的。读到此处，一个虚伪、虚荣、阿谀奉承的王熙凤形象，呼之欲出。

文本中，这些看起来毫不起眼的"闲笔"，往往不"闲"，藏着作者的深意。这深意，是需要老师指点给学生看的。

潘新和教授在《语文：表现与存在》中说："语文教师当是语言奥秘的探索者、解密者、思想者，是学生亲近语言、热爱言说的引领者。语文教师如果没有对言语的个人感受，如果不能带领学生走进言语精微隐秘的深处，指点给学生看自己琳琅满目的发现和发明，从而将自己的言语睿智传递给他们，唤醒他们沉睡的言语感觉，点燃他们的言语悟性和灵性，使他们逐渐获得言语颖悟力，那还要语文教师做什么？……语文教学是一种言语感觉、言语智慧的传递，是用教师的言语感悟和言语睿智，唤醒鸿蒙未启的学生的言语灵性和悟性。"

诚哉斯言！语文教师，要自觉地成为"语言奥秘的探索、解密者"，如此，才有可能引领孩子们"亲近语言、热爱言说"。语文老师，唯有对语言葆有不倦探索的好奇心，拥有更多打开文学宝库之门的钥匙，才能发现文本的更多奥秘！

从膜拜文本到凝视文本

很多老师有教材崇拜情结，认为教材是权威，是神圣不可侵犯的。也有一些老师以质疑教材为乐，在他们看来，任何教材都不值得一教。

在我看来，两种姿态，都不对。教材是人编的，肯定有瑕疵，膜拜要不得。然而，教材毕竟凝聚着很多人的心血与智慧，骂得一无是处，也是有失公允的。

我以为，一线教师，当从膜拜文本，走向凝视文本。

1

中小学（尤其是小学）语文教材，这些年渐渐成为靶子。业内的，业外的，凡只要识几个字，都敢批，甚至批得很凶。

编教材的人呢，常常觉得很委屈，觉得有些人嘴太刁、太毒。

其实呀，这是好事；没人批了，才悲哀。

有人批，至少表明在学术界，大家对母语教育的关注是热切的，期待好教材为儿童一生发展奠基的愿望是强烈的。

这是讨论这个话题的共识。有了这个共识，我们再来讨论面对"问题文本"的几种姿态，就有了逻辑起点。

2

梳理一下，大致有以下几种姿态。

一为"哗众取宠"。

断章取义地找出一些"问题教材"，套上个耸人听闻的标题，引起广泛关注，这就是"哗众取宠"。

二为"出离愤怒"。

看到有问题的教材，拍案而起，怒发冲冠，言辞激烈，恨不能把教材当炸药包，冲进教育部，与教材以及编教材的人"玉石俱焚"。

这类人，表面看，莽撞，愣头青。但我的理解是，其实他是有强烈责任心的。这样的人，是值得钦佩的。因为编教材的人在暗处，他在明处，很容易把自己推上风口浪尖。不理解的人，还以为他想借此机会炒作自己。

对这样的人，我表示佩服。在这个说假话成风的当下，敢于直言的人，是稀有物种。

也许，他的观点不无偏颇。但是，偏颇有什么关系，至少，他敢发表自己的看法，至少给编教材的人敲敲边鼓，希望他们擦亮双眼，选出更好的文本带给儿童。

从这个意义上说，"出离愤怒"也有价值。

当然，如果整篇文章都在宣泄情绪，没有真正思考与建设性意见。那么，他的愤怒，也许有些过头。

三为"穷追不舍"。

光愤怒还不行。我们还要静下心来思考，究竟什么样的文章，是好文章，教材中的哪些文章，是需要提醒编者下次编书时，可以"请出去"的。

对"教材硬伤"用心考据的人，让人肃然起敬。

四为"合理开发"。

有一类教师，清楚地知道编教材的不易。当然，他们也知道底层教师的期待与需求。

这类教师，当然知道教材不是完美的。他们没有过多地把精力放在愤怒、指责上，而是带着学生批判地阅读。

读《从现在开始》，他们会带着学生质问："既然是选举，为什么最后由狮子大王一锤定音？狮子大王可不可以给其他小动物公平竞争的机会？可不可以最后通过投票选出新的森林之王？"

读《在金色的沙滩上》，他们会带着学生追问："海滩上的小女孩，既然这么喜欢贝壳，她帮叔叔看管衣服，叔叔送她贝壳，这不是一种共享吗？为什么一定上升到'不能随便要别人的东西'的道德高度？"

读《唯一的听众》，他们带着学生辩论："这是一篇散文还是小说？根据文风，你觉得作者是不是郑振铎，你的理由是什么？"

这类教师，还会适时地将原文引入课堂，让学生细细对比，说说改编的好，还是原文好。

这类教师，可能会根据自己的判断，压缩"硬伤教材"教学时间，适当拓展阅读，引进同题材文本，组成若干个群文，引导学生群文阅读。

这类教师，认为"教材无非是例子"，把基本的识字任务完成好，腾出大量时间，引进优秀儿童文学作品，带着孩子们整本整本地读书。

五为"大胆创造"。

有些教师，不满足于小打小闹。

这类教师深深地知道，放牧者，不能因为土地贫瘠就坐等羊群饿死。于是，他们带着羊群，寻找水草丰美的地方。

他们自己读大量的书，把一篇篇美文带给孩子们。他们试着将自己读到的好文章，编成一本一本的书，带孩子们走进肥沃的土地。严凌君、蒋军晶、钱锋、刘发建、丁慈矿等朋友们，编出了《青春读书课》《群文阅读》《万物启蒙》《名家文学读本》《小学对课》等精彩读本。这些读本，成为他们和孩子们重要的母语教材。他们认真教好教科书，也认真地用好自己编的书。近几年，我也带着团队在做类似的事。《小学生母语100课》

系列，《名家笔下的中国老城市》系列，都是出于这样的考量。

他们，深深知道，与其怨声载道，不如埋头苦干。

孔雀开屏·鸬鹚捕鱼·牧童放羊

——关于公开课的三个隐喻

李玉贵老师曾说："看着我们的课堂，容我有一种极端的论断，整体来说，如今不少课堂是'固体'。'液态课堂'在哪里呢？顺势而为的课堂太少。即便佳评如潮的课例，从'液态课堂'的角度审视就会发现，一路牵引的痕迹如此之深。然而，教师没有一句议论、没有一丝异议，而是以几近迷恋偶像的方式，在看待所崇拜的名师课堂。"

李玉贵老师关于课堂的三种形态的比喻非常形象，一针见血地指出了大部分名师课堂的通病。当然，她所指出的"没有一句议论，没有一丝异议"，可能是从网络搜索上所看到的评论。据我所知，一小部分教师，已经对这样的"一路牵引"的课堂，有了觉醒和反思，并尝试着用自己的实践"对抗"这样的课堂。虽然，这样的声音并非主流，但觉醒，任何时候都不迟。

新时期究竟需要怎样的好课。对于评判、讨论课堂的重要途径之一——公开课，我的脑子里冒出三个隐喻：孔雀开屏、鸬鹚捕鱼、牧童放羊。

孔雀开屏

观赏性，大抵是中国大部分一线教师评判一节课的第一标准。

于是，为了让课堂更富观赏性，大部分公开课执教者，都会使尽浑身解数。多媒体手段悉数登场：会动的、会响的、好看的，都上了舞台。动画精美绝伦、音乐荡气回肠、画面色彩斑斓。教学语言极尽华丽之能事：用词考究、句式整齐、排比滔滔、气势如虹。这样的课，华美无比。这样的课，让一线教师大呼过瘾，大饱眼福，大受赞誉。

然而，这样的课，总给人一种孔雀开屏的感觉。我们所看到的，尽是外表的光鲜美丽。而学习的主体，在这节课上，经历了怎样的由不懂到懂的过程，他们掌握了怎样的学习技能，获得了哪些学习的策略……这些问题，听课者大抵没有时间去细细追问，只被孔雀华美的外衣所迷惑，而忘记了孔雀也有屁股。

这种"孔雀开屏"式的课，最大的问题，恰恰是其竭力开屏露出来的软肋——学生观的缺失。因为眼睛里只有听课教师，执教教师的一切教学手段都是奔着如何让听课教师过瘾去的。于是，学生被异化为"配合老师演绎教学艺术"的工具。学生的学习起点、学习潜能，根本未受到关注。这样的课堂，其本质特征是"教师在前"。教师将学生设定为"什么都不懂"，于是，貌似"启发式"的教学，淹没了学生真实的思考与学习，学习并未真正发生。

张文质老师在《让学习发生——谈什么是"大问题教学"》中，深刻地指出："我们既有的课堂往往是比较低效的……课堂形态还是以教师的教为主，教学也还总是从低到高、从浅到深、从局部到整体地进行。那么，我们能否换一个视角，从高到低来教学呢……实际上，在学生读和说的过程中，很多问题就能够自然而然地解决。"

鸬鹚捕鱼

鸬鹚对渔人的忠诚，是一种被迫的无奈。

公开课上，很多时候，学生其实就是那些无奈的鸬鹚。

教师提问，犹如渔人下篙。渔人一下篙，学生便纷纷到"水"中去找"鱼"。表面上看，课堂热热闹闹，而深究起来，我们便会悲哀地发现：教师所要问的问题，未必是孩子们真正需要解决的，而且，孩子们在三五秒中便能回答的问题，也不是真正的好问题、真问题。孩子们在课堂上，无非是一次又一次地跳入渔人指定的"水域"，跳下去，跳上来，"嘴"到擒来，周而复始。至于这跳上、跳下，只是一种熟能生巧，和真正的技能无关。

什么时候，我们的课堂能够"翻转"过来？让鸬鹚自己去找鱼、吃鱼，找不到鱼了，或者吃鱼有困难了，渔人再给予指点、帮忙？变"命令鸬鹚捕鱼"为"带着鸬鹚主动捕鱼"，也许，我们的课堂会发生一些本质的变化。

早些年在培训领域风行的"慕课"和基于网络学习的"翻转课堂"，以及这几年的"项目学习"，也许是一个转变方向。我们欣喜地看到了这样转变的可能。孩子们不再是等待渔人下篙的鸬鹚，而是经历了自主探究——自主出题——自己解答——自己表演——自己探究。教师，不再是渔人，而是其中的一个学习伙伴、组织者、激励者。这样的课堂上，孩子们不再是课堂的工具，而是主动建构知识的主体。

牧童放羊

还有一种课，看起来漫不经心，似乎没有设计。

这样的课，教师不太作为，整节课的大部分时间，都是学生在活动。学生潜心读文，小组合作，互相答题，偶尔伴随真正的思维交锋。教师，只在学生遇到困难的时候，或点拨，或引起讨论；在孩子们感到"知识饥饿"的时候，提供文本，拓展资源。教师看起来"笨笨的"，而他的锋芒，藏在学生后面。教师成了报春使者，"俏也不争春"。

这样的课，好比"牧童放羊"——牧童把羊儿们带到草原，让羊儿啃噬青青草儿。一个地方草吃完了，再带到另一个地方吃。慢慢地，羊儿长大了。这样的课，"卖相"也许不好，也许不如"孔雀开屏"式的课堂叫座，也许不如"鸬鹚捕鱼"般热烈。但，就是这种不太叫座、不太热烈的课，却往往最养人。

当代哲学家马丁·布伯认为，师生关系可以表述为"我—它"关系和"我—你"关系。"我—它"关系不是真正的关系，因为"它"（客体），只是"我"（主体）认识利用的对象；而只有在"我—你"关系中，师生才处于平等地位。"我"（教师）不是把"它"（学生）当作控制的对象，而是当作可以对话、交往、亲近的"你"。

只有平等，才能打破师生之间的心理防线。这样的平等，不仅仅是一种教学理念的变革，更是教学伦理的理性回归。在这样的教学伦理中，教师唤醒学生的主体意识，鼓励学生求真、求异，师生在交往中分享彼此的思考、经验、知识与智慧，既丰富了教学内容，"产出"了新的知识，又培养了学生独立思考能力。

当然，这种"放羊"，并不是真正的随心所欲。随意的背后，并不随便，而是精心选择"草地"——学习资源，精心组织羊群"吃草"——学习方式，精心组织羊群分享——学习交流。

公开课远离"孔雀开屏""鸬鹚捕鱼"，倡导"牧童放羊"，并不是放任教师的职责，相反它对教师提出了更高的要求。教师要有广博的知识背景，敏锐的把控能力以及真诚探讨问题的姿态，突出"服务意识"。也就是说，要摆正教师自己的位置，要努力从"教师在前"，走向"教师在后"。

试想，这样的课堂样态，离玉贵老师提出的"顺势而为"的"液态课堂"会有多远呢？

139

万物静默如斯，课堂静默如谜

当神将我这颗卵石投入这奇异的湖泊中，我在它的表面搅乱出无数水纹。但当我抵达深处时，我归于寂静。

——纪伯伦

1

几年前，广州赛课。听说两个会场加起来，七八千人。因临时有事，无法赴这场空前盛会。于是，默默关注前方朋友们发来的图文。这样几条微信，引起了我的注意——

"听一天的课，实在太吵了，头嗡嗡作响。盗用朱光潜《静的休养》一文，作为观后感，也作为对自己的警示。"

"这样黑压压的会场，小小的孩子很容易被我们看不见，倘使上课老师再有意无意地拼命放大自己，忽视学情起点，忽视孩子课堂上的需求点、生长点，只顾着自己的设计点，课上着上着，孩子就真的只有'看不见'了。心中有学生，对于这样的赛场来说，是巨大的挑战。"

2

静静地读着，默默地想着。

有人说："好的课堂，应该是上着上着，老师消失了。"

有老师说："我们绝不允许课堂冷场。"

"上着上着，老师消失了"，是一种理想的课堂。

"绝不允许课堂冷场"，是一种坚硬的现实。

理想很丰满，现实很骨感。

于是，不少老师，选择了屈从现实，追求热闹、好看、好玩，努力让自己在课堂上星光四射。这，也就顺理成章地成为公开课"出彩"的"绝招"。于是，课堂，成了剧场；教学，成了狂欢。教师和学生，也就没有了喘息和沉默的机会。

李政涛教授说过这样一段耐人寻味的话："教育的本质一定是静默的，而不是喧嚣的，因为人的成长，是内在的成长，其过程必定是安静而且朴素的，而不是招摇和华丽的。"是的，任何生命的成长，都是在静默中发生的。细胞分裂、血液流淌、身体长高，抑或种子发芽、花朵绽放、果实生成，都是在静默中完成的。"万物静默如斯"，万物生长如谜。生长，从来是静悄悄的，而不是彩旗招展、锣鼓喧天，更不需要喧哗与躁动。

课堂，是师生生命栖居之所在。生命需要热闹，也需要安静。在安静中，积蓄能量，生长智慧；在热闹中，释放能力，传递智慧。倘若我们的课堂自始至终，都处于极度亢奋之中，人，就容易被这种亢奋所伤害。极度的亢奋，破坏了动静之间的平衡。正如先知纪伯伦所写的那样——

"单纯的理性是一种禁锢的力量，而无限的激情足以烧毁自身的火焰。

"因此让你的心灵将你们的理性提升到与你们的激情同等的高度，它才会高唱。

"也让你们的理性指引你的激情，那样你们的激情才会经历每日的复活，宛如凤凰从它的灰烬中再生。"

3

好的课堂，一定是疏密相间、动静相宜的。最近，细细品读于永正先生的《高尔基和他的儿子》一课。我发现，于老师的这节课，大部分时间，是静默的。

学生在老师的指导下，静静地练习写字，静静地朗读课文，静静地批注文本，静静地仿写回信。安静，占了课堂的一半时光。但是，学生的思维，却是静水深流的。批注课文和写信，表面上看，是非常安静的，但对话却进行着，这是学生和文本的深度对话，也是学生和自己的深度对话。这种课堂，正如一句诗所形容的"禁闭的唇中含着生存的奥秘"。就是在这样的安静中，学习悄然发生，思考悄然进行，智慧悄然增长。

这样的课堂，是"理性"而又"激情"的。这种理性的安静，首先表现于教师在课堂上的安详与淡然，不催促，不喧闹，不抢镜，不刻意调笑，不取悦听众。教师，只是学习共同体中的一员，安静地行走在学生中间。学生坐姿歪斜的时候，扶一把；学生学习有困难的时候，帮一把；学生有精彩发现时，点个赞；学生学习遇到挫折时，鼓鼓劲。教师，也不当所谓的"平等中的首席"，而像一个主持人，不停地给学生递话筒，把舞台交给学生，自己退到一角，点头、微笑，遇到争执不下，不急于表态，不断引发思考。这样的课堂上，学生，是永远的春天，教师是"报春使者"，"俏也不争春，只把春来报"。这样的课堂上，教师就像"黑夜默默地绽放花儿，把赞美留给白昼"（泰戈尔语）。

这样的课堂，不虚张声势，不刻意求新，也不会故意制造笑声博取眼球，更不会弄些噱头证明创新。这样的课堂，教师，是一个安静的聆听者、期待者、激励者。教师，就像农夫守望土地一样，安然静待生命花期到来。

4

当然，静默的课堂，并不排斥该有的热闹和精彩。就像水烧着烧着会沸腾，种子埋着埋着会发芽，歌唱着唱着会进入高潮，课堂，会按着自己的节律，走向它该有的激情。动情的诵读、激烈的辩论、传神的表演乃至舞之蹈之，都是水到渠成的华彩乐章。安静之后的热闹，理性之后的激情，都是课堂张力之所在。当然，绚烂之后，必定复归于平淡。课堂，又会回归它的静默。"虽然语言的波浪总是环绕着我们，但是我们内心深处却永远沉默。"

5

课堂，呼唤静默的归来。

静默的课堂，需要教师拥有一颗安静的心。教师要不被声色所役，不被名利所惑。老子曰："五色令人目盲；五音令人耳聋；五味令人口爽；驰骋畋猎，令人心发狂；难得之货，令人行妨；是以圣人为腹不为目，故去彼取此。"教师唯有面向学生，一切以学生的发展为首，才能做到安安静静、从从容容。

这样的老师，才能拥有心界的空灵，不会为外界的喧闹所干扰，以自己的方式前行，上自己想上且愿意上的课。

这样的老师，才会清晰地认识到，那些开满鲜花的公开课，只是一时的"梦幻泡影"，"如露亦如电"。它只是教学生涯中的惊鸿一瞥，无法从根本上改变教育生态。唯有沉下心来，慢慢地、静静地做自己的课程，才有可能小范围局部改变教育。

如此，静默课堂，宛若一朵千瓣莲花，静静绽放。

6

万物静默如斯，课堂静默如谜。

Chapter 4

能说会写：明师的必修课

语言：教师的第一必修课

1

四年前，为某省培训班讲《创意写作阶梯课程》。

一切，都按照 PPT 预先设定，有条不紊地进行着。讲座伊始，我由一篇非常好玩的作文引入，老师们一下子就进入了听课的状态。半小时很快过去。讲到学生作文能力是怎么形成时，我说："好，下面，请老师们细细地看这幅图。"底下有一老师弱弱地提醒："张老师，幻灯片没投出来。"

我扭头一看，呀！真的，屏幕上一片空白！原来，这半小时，老师们一直通过我的声音在专注地听，听得津津有味。也就是说，我做的 PPT，基本上可有可无。

仔细回想自己所做过的讲座，凡是最吸引听课老师的那些时段，一定不是靠 PPT 的魅力，而是靠鲜活的例子和风趣的语言。反过来，PPT 上文字过多，老师们反而听得没精打采。可见，PPT，只是个辅助手段。有时候，用不好反而会起副作用。

语言，才是看家的本领。

2

四年半前，我邀请成尚荣先生给我区新锐名师做讲座。成先生坐在讲台前，娓娓道来，历数古今中外历史上的那些大写的先生。关于什么是风格，他随口引述的名言警句，达 30 多句。听他讲座，如坐春风，醍醐灌顶。

五年半前，参加周一贯先生从教 65 周年纪念活动。活动尾声，鹤发童颜的周先生致答谢词。先生声若洪钟，质朴深情的致辞，深深地打动了在场每位嘉宾。

六年前，在省委党校参加杭州市教研员培训，听了一星期的讲座。给我印象最深的，是杨启亮教授的讲座。他是唯一不用 PPT 的讲师。坐在台前，不疾不徐，缓缓道来。他的发言，振聋发聩，具有强大的感染力，以至于一位教研员现场泪奔，即兴发言数分钟。

六年半前，参加区里九十学分的培训，杭州市教育局肖锋副局长给青年教师讲自我修炼，没有提纲，没有任何多媒体辅助手段，两个小时，老师们鸦雀无声，频频颔首。

十五年前，在杭州某礼堂，听贾志敏老师讲作文教学改革的讲座。贾老师滔滔不绝地背诵一篇又一篇课文和学生作文，台下老师听得如痴如醉。

二十五年前，在温岭教师进修学校，当时担任副校长的潘力平先生，给学员们讲教育哲学。半天的课，不带一张纸片，很多数据、术语、概念，讲得和教科书一字不差，学员们听得大呼过瘾。

……

给我留下深刻印象的，总是那些完全凭借着语言魅力征服听众的课。

语言，才是真正的法宝。

3

再来看看我们的公开课。

凡是靠课件取胜的课，最终都会消失在时间的长河里。而那些传之久远、历久弥新的课，总是以其独特的语言魅力，深深地烙在一线教师的脑海里。

于永正的《草》《小稻秧历险记》《水上飞机》，支玉恒的《太阳》《第一场雪》《丰碑》，薛法根的《爱如茉莉》《猴子种果树》等课，之所以让人印象深刻，不是因为课件，而是教师独特的言语风格，深深地折服了听课者。

反过来，一时以精巧设计取胜或以课件华美见长的课，很少被人真正记住。大多昙花一现。

语言，才是最高智慧。

4

苏霍姆林斯基说过："教师的语言素养极大程度上决定着学生在课堂上脑力劳动效率。"很多教师，没有从修炼自己的教学语言着手提升自我，而在多媒体技术以及其他教学手段上大做文章，这无异于舍本求末、买椟还珠。真正最高效的教学，就是教师示范给学生看。尤其是对语文老师来说，教师的语言表现力，是一切教学方法和手段的核心生产力。提升教学效率，首先要从提升语言的表现力开始做起。

"语言，是存在的家，在其家中住着人。"某种意义上说，语言即人。语言是思维的外壳，一个人的语言水平，就是他的思维水平。不仅如此，语言，也是一个人的人格、学识的标志。对于教师来说，一个人的语言风格，就是他的教学风格。

修炼语言，就是修炼教学风格。

5

语言能否修炼？答案是肯定的。

特级教师管建刚，2008 年参加了《小学语文教师》杂志社组织的一次观摩活动，那是他第一次在比较大的场合公开演讲。据会议策划者李振村先生转述，建刚比较拘谨，讲座效果一般。

可是，几年后，他在"新经典大讲堂"讲他的"作文教学的革命"，以及此后在多次的"全国写作种子教师研习营"中，管建刚简直像换了一个人。台上的他，简直就是个段子手。一个个妙趣横生的故事，一段段发人深思的话语，让在场的老师欲罢不能。即便听过多遍，你依然会被他的语言艺术所折服。

后来，我问建刚，你是怎样修炼自己的语言艺术的？

建刚笑笑，告诉我，他曾花了两三年时间，潜心研究演讲高手的视频，怎么控制节奏，怎么设计包袱，怎么抓住听众，一个环节一个环节地研究。研究了不算，他还对自己的演讲进行精心设计。于是，我们所看到的，就是管建刚的演讲如脱口秀般精彩。

技巧，是可以修炼的。看演讲视频，读关于演讲的书，录制自己的演讲，一遍一遍地复盘，慢慢地，我们的口头表达能力就会提升。

不少老师问我："什么样的语言，是好的教学语言？"说实话，这个问题很大，很难一两句话说清楚。但总体来说，我以为好的教学语言，至少要有这样几个特点：一是准确，把知识说清楚，说明白，一听就懂；二是简洁，清清爽爽，不拖沓，不含糊，长话短说；三是有感染力，一张口就能吸引学生，让孩子始终随着教师的语言节奏，全程投入课堂；四是有亲和力，像家人间聊天，听着舒服、自在；五是适度幽默风趣，偶尔让学生会心一笑，疲劳顿消（这里需要特别指出的是，幽默风趣，不等于油滑，更不等于贫嘴。在一些公开课上，我常常听到老师的话特别多，这不是风格的问题，而是价值取向的问题。要知道，课堂不是老师秀口才的地方。老师要通过巧妙的点拨，促进学生学习。一旦老师把逗师生发笑当作课堂目标，这就是师德问题了。年轻教师千万要警惕这样貌似好笑的课堂)；六是生活化，要用学生听得懂的口语交流，千万不要用文绉绉的书面语或貌似诗意的排比句，一套一套，学生听得云里雾里。

上述六条标准都做到，难不难？说难，也不难。多听老一辈名师朴实的公开课，学习他们质朴自在的教学语言；用手机录下自己的家常课，试着整理课堂实录，关注自己如何絮絮叨叨；多阅读一些古典文学作品，向古文学习遣词造句的简洁之美。这样刻意训练，一定可以让我们的教学语言，变得更自在，更有亲和力、表现力。

当然，光修炼技巧还不够，还要向内修炼自己。"冰冻三尺，非一日之寒。"没有底蕴的积淀，技巧只是花拳绣腿。初次听听，新鲜；听多了，就会露馅儿。技巧，是皮毛；文化修养，才是灵魂。只有修炼自己的文化修养，改造自己的心智模式，我们的表达能力，才会不断提升。像成尚荣、周一贯这样的大家，其实，更多的，不是靠语言技巧，而是格局和境界使然。

修炼语言，就是超越自我。

十分钟限时发言，如何出新出彩

近日，参与了一个题为"'奠基未来'的教师专业发展——角色变革与课堂革命"的高端论坛。指定发言者的，都是各地大咖级别的校长。

应当说，这些校长都是当地牛人，办学经验丰富，身上荣誉成堆。在这样场合下的讲话，应该信手拈来，小菜一碟，精彩纷呈。确实，这些校长口才了得，侃侃而谈，资讯翔实，观点新锐，让人眼前一亮；当然，也有少数校长，发言中规中矩，并没有给与会者留下太深刻的印象。归结起来，有两大原因：

一是内容选择问题。应当说，这些校长们发言都准备得很精心，但往往内容太多，不知不觉中，可能把主题论坛当作了工作汇报。结果面面俱到，啥都讲了，啥都没有讲透，如水过地皮，似蜻蜓点水。

二是呈现方式问题。大部分校长，都借助稿子，以讲述的方式展示，整体不错。有的幽默风趣，有的干脆利索。校长们也很注意PPT的设计，不少都很有美感。但也有个别PPT，有论文式呈现的倾向。有些PPT页面文字、图片稍多，加上翻页过快，这页没看清，下一页扑面而来，信息过剩，看着较累。

需要特别指出的是，按议程，每个校长只有10分钟发言时间，但都超时了。多者，超8分钟，少者，超2分钟。以至于论坛后半部分专家点评和现场互动环节，被取消了。

可能主办方觉得大家来一次不容易，既然准备了，不忍心打断吧。但超时对后面出场的嘉宾，是不公平的；对整个论坛完整性的落实，是不利的。因此，自觉守时，也应该是高水平发言的一项重要指标。

那么，如何在规定的十分钟之内，让自己的发言精彩纷呈，给人留下深刻印象呢？

下面，我结合自己的观察，以及多年实践，从"内容选择"和"呈现方式"两个维度，谈谈如何让十分钟发言出新出彩。

第一，内容选择：以少胜多、以小见大、以新革旧、以例释理。

十分钟时间，很短，无法承载太多东西。发言者若不懂得取舍，希望通过十分钟，把学校办学中方方面面的精彩，一一呈现，结果只会导致信息拥塞，过耳即忘。

那么，在内容选择上，有哪些具体策略呢？

1. 以少胜多。要呈现的内容尽可能地少，选择与论坛主题吻合的领域，纵向开掘，深度阐述。论述的点少了，就有可能对话题做深度探讨，把自己的想法、做法，立体地、全方位进行阐释。这样，与会者就有可能因为你的深度阐释，产生兴趣，引发思考。

有时候，少，即是多；多，却是少。

2. 以小见大。在隆重场合，论坛嘉宾的发言一般都会选择宏大的话题来谈。比如未来教师培养目标、培养路径、培养策略、管理之道。其实，这些方面，每一点，都可以写成一本书。

在这样十分钟的论坛上，把这几个点都点到，显然属于宏大叙事。实际上，根本没有必要讲得这么大。

仔细分析本次论坛的论题："'奠基未来'的教师专业发展——角色变革与课堂革命"，"奠基未来"是论坛的愿景，"教师专业发展"是论坛的内容，"角色变革与课堂革命"是论坛的落脚点和重心。

可能是因为主办方没有过多强调要紧扣论题，大部分校长的发言都在讲学校教师培养的目标、机制、策略、载体等，而最需要论述的"奠基未来"背景下的教师，角色有哪些变革，我们的课堂如何发生根本性的革新——这种根本性的革新，才称得上是"课堂革命"。"课堂革命"，才是本次论坛的核心。可惜，对于这个话题，触及不多。不得不说，这是本次论坛的一大遗憾。

如何"以小见大"？其实，我觉得可以一门学科或者一堂课为例子，谈谈奠基未来的教师角色，发生了哪些变化？课堂发生了哪些根本性的变革？在促进变革与革命的过程中，校长做了些什么？学校做些了什么？还有哪些方面，需要改进与反思？还有哪些困惑需要提出来探讨？这样展开，可能会更切题，一线教师和校长会更感兴趣。

3. 以新革旧。论坛，是思想碰撞的地方，论者所发表的观点，必须要有自己独特的思考。司空见惯或被大家广泛认同的观点，没有必要在这样的高端论坛上炒冷饭。因此，发言者应认真提炼自己的思考，提出有新意的观点。或对常识进行追问，或进行逆向思维，或对热点进行冷思考。至少，有一到两个观点（或一两句话），让人眼前一亮。

4. 以例释理。论坛，是交流观点的地方。观点，要理例结合，切忌清谈。离开案例谈观点，容易枯燥，所以，要选择适度陌生化的鲜活案例来谈。好的案例，既是论坛佐料，又是观点佐证。在这次论坛上，杭州的洪建斌校长的发言，就非常到位。他在十多分钟的发言中，举了汉字微课程与杜甫诗歌课程的例子，呼吁校长要给教师开发课程的自由，教师的职业激情才会被激发，教师专业才能得到更好发展。把案例展开，把观点谈透，会给人深刻的印象。洪校长发言完毕，掌声是最热烈的。

当然，光有好的内容，呈现方式不对，也不会产生良好的效果。因此，如何把自己的发言内容，以最佳的方式呈现出来，是一门学问。

第二，内容呈现：以讲为主、巧用课件、借助肢体语言。

1. 发言不是读稿

大部分校长，台风不错，能够和台下形成比较好的互动。但也有个别校长，可能考虑到这是全国性的会议，特别重视，稿子改了又改，字斟句酌。上台展示时，基本上是在读稿子，眼神很少和台下听众交流。比如，论坛上，有一位中气十足、普通话很不错的校长，全程用同样的语速和频率朗读，三分钟后，听众就产生听觉疲劳，至少，我是这样觉得的——其实，她的发言内容，是很不错的。

论坛，是展示观点的地方。展示观点，要靠讲述，而不是靠朗读。发言者最佳的姿态，就是做好简单的 PPT，直接用自己的口语阐释观点。当然，如果首次登台，或怕重大场合词不达意，可以带着稿子，但要事前反复读。读着读着，一些案例，就会烂熟于心，演讲时就会脱口而出，加上眼神和台下老师频频互动，观众就不会觉得你是在读稿子了。

2. PPT 中的大学问

PPT 的作用是什么？辅助表达、画龙点睛。本次会议的 PPT，整体质量很高。但在不少公众发言场合，我们常常看到，有些论者，把 PPT 简单地理解为讲座提纲，以论文式呈现在屏幕上，一级标题，下面有二级标题，二级标题下面，一大段密密层层的黑色的文字。这一类 PPT，是大忌，不但起不到辅助作用，反而会分散注意力，降低声音的感染力。

好的 PPT，应该是文字少之又少，以适当的线条、图示、表格、照片、视频等，拓展演讲的背景素材，呈现更丰富、立体的信息。好的 PPT，应该是简洁的，有冲击力的。PPT 模板选择，要简约、大方，吻合会议的主题——这点，成都李蓓校长的 PPT，做得恰到好处。

PPT 制作的艺术，可以观摩乔布斯苹果手机首发式的演讲和罗振宇的跨年演讲。你会发现，他们的 PPT，常常有让人眼前一亮的金句和富有视觉冲击力的图片、视像。这样的演讲，让人欲罢不能。

3. 肢体语言有技巧

论坛，其实是演讲的另一种变式。既然是演讲，就要有演讲的基本规范。肢体语言，在演讲中起着很重要的作用。十分钟的演讲，最好配备 PPT 遥控器和耳麦传声筒，这样演讲者可以离开主席台。偶尔侧身、前倾、眺望，做与台下观众互动状，都是很好的交流方式；偶尔抛一个问题给观众，偶尔的突然停顿，偶尔的突然降低声音、变换语调，让讲述变换节奏感，都是很好的技巧。

一个有准备的优秀演讲者，他一定有强烈的现场掌控感，喜欢把整个舞台作为自己的主场，而不是被束缚在演讲台前。以电子大屏作背景，整个会场就是演讲者纵横捭阖的战场，这种感觉更能挑起现场的气氛！

这，大概就是所谓的气场。得气场者，得演讲。

当然，最大的技巧，是无技巧。真诚、动情、在理，富有逻辑力量的讲述，本身就有巨大的吸引力。没有人能够拒绝静水深流般的演讲。像敬一丹那样，表面从从容容，波澜不惊，但实际上，有着强大的感染力。这样的演讲境界，踏雪无痕，如羚羊挂角，无迹可求，不是一般人可以企及的。这样的境界，需要渊博的学识、超强的口才以及淡定的心态，非三五年可以抵达，需要一辈子修炼。

"绝知此事要躬行"。演讲这回事，知易行难。真要自己站到台上，也许会洋相百出。以上所论，更多是"站着说话不腰疼"，貌似"指点江山"，实则"纸上谈兵"。从这个意义上说，站在台上的每一位，包括为会议付出努力的所有人，都值得我们敬重、学习。

写下此文，只为镜鉴。

我写文章，文章写我

我所敬重的钱正权先生，是二十世纪末杭州市语文教研员，为人谦和，古道热肠。得到他提携和帮助的年轻人，不计其数。

退休之后，先生依然思考语文，常有佳作见诸刊物，屡有警醒之语，给广大读者以启迪。《"说出来"和"不说出来"》《拉开距离看身边的名师》等作品，就是那个时期写的。读先生的文章，就像和他拉家常，如坐春风。在先生的文章中，你读不到居高临下，读不到倚老卖老，更读不到耸人听闻。他从不以专家自居，而是以和读者聊天的方式，真诚平和地把自己的观点摆出来，话说得明明白白，理讲得清清楚楚，没有累赘的文字，没有玄奥的语句。这样的文章，清浅、干净、有味。

先生何以有这样的功力？一者，先生读书多，看得远；二者，先生素来谦逊平和；三者，我以为最重要的，是先生对文章的态度——敬畏写作，善待文字。

我常常写信请教先生一些问题。发个邮件，请先生看一篇文章、一个案例。收到回信，常常会有很多处被先生用蓝色标出。先生常对我说，祖庆啊，名人名言的引用，要减少，写文章不可卖弄，"掉书袋"，要不得哟；句子，要短小，要让人容易理解，不给人造成阅读障碍。

先生一次又一次地勉励年轻朋友："写与读关系密切，多读一点书，多思考，多积累，多动笔，久而久之，就会写了。不要急，功夫不负有心人，功到自然成……我感到最重要的是读书。人老得太快，聪明得太迟……读书，自以为非。"

先生这样对我说，也是这样要求自己的。先生博览群书，勤于琢磨，常常将自己的思考变为文字。每写完一篇文章，先生总要先发给年轻朋友，先征求他人意见。他说，文章发出去，是给别人看的。发了，就没有修改的机会了。因此，一定要精益求精，一个词语，一个标点，要精确到不可替代。

一篇文章，先生从写好到发出，有时，会放上十天半个月；有时，会放上两三个月乃至更长时间。

我想，这就是"敬畏写作，善待文字"吧。

托尔斯泰写《安娜·卡列尼娜》，构思始于1870年，动笔于1873年，整个写作过程只有50多天，却经历了12次大的改动，4年之后才正式出版，废弃手稿达1米多；唐代卢延让"吟安一个字，捻断数茎须"；曹雪芹创作《红楼梦》"批阅十载，增删五次"……古今中外那些成就斐然的作家，莫不是以"敬畏"的态度来对待自己的文字的。

没有敬畏之心，难出好的作品。

也许，我们会说，大作家是为了青史留名，当然需要"语不惊人死不休"。一般的写作，何须这样？

这话对，也不对。

说对，是因为，文章如果是个人"私藏"的，写出来自娱自乐或者少数几个亲朋好友可以看到，那么，我们也许可以粗糙一点，日后有时间慢慢改，甚至不改。

说不对，是因为，文章如果是发表的（在报刊、博客、朋友圈、微信公众号、QQ、微博上发表，都算是发表），这样的文章，就有了"影响力"，这种写作，就是公众表达。公众表达，必须有读者意识。我们要把观点想清楚、写明白。如果作者自己都没有想明白，或一知半解云里雾里，更有甚者，逻辑混乱，莫名其妙，自相矛盾，读者怎么不被搞晕呢？读了半天，搞不清楚究竟想表达什么意思，甚至越读越糊涂，这，不是对读者的不负责任么？

"敬畏写作"，是一种虔诚的姿态，而"善待文字"，则就需要一种"慢工出细活"的耐心。写作者，千万别轻易处置自己的文字，别让自己的文字造成他人的困惑或干扰。文字要干净、简洁，这样，我们的表达，才不会产生混淆与误会。

正如马克·吐温给一位朋友的信中写道："要使用短小、精炼、简洁的语句，不要让琐碎、花哨、冗长的句子混进来。"

孙犁的文字，干净、简洁，汪曾祺的文字，干净、简洁，木心的文字，干净、简洁。所以，我喜欢读他们的文章。

叶圣陶先生的文字，也是那样的干净、简洁。他的系列文论，深入浅出。读这样的文字，就好像和他面对面聊天，亲切、舒服。前辈名师中，于永正老师文字的干净，是出了名的，他的每一篇文章，几乎没有多余的字。我的朋友中，张学青、周益民等人的文字，也干净、简洁。

因为简洁，所以耐读。

当然，简洁干净，是基本的要求。若是写一篇思想随笔，需要引述他人观点，要不要善待这些被引述的文字呢？

依然需要。

旅居加拿大的作家薛忆沩，写过一本《文学的祖国》。作家将自己旅居国外期间读过的流亡作家的作品，一一介绍给读者。生平、作品乃至一些与他人交往的细节，如数家珍，娓娓道来，令人叹为观止。但，薛忆沩最可贵之处，在于不给人"掉书袋"之感。他曾和朋友谈起，写作要有敬畏之心，你写下第一句时，你就要想着，后面的所有句子，都要和第一句一脉相承。这样，文气才不会断掉。

那么，对于一线教师来说，怎样才能抵达"文章写我，我写文章"的境界呢？

窃以为，可从以下这三点做起：

一是，写我所做，做我所写。选择我们熟悉的领域来写。这个领域是自己深入研究过的，把做过的写出来，就是我们独有的。当然，我们可以继续往前走一步，把自己写过的继续做好。这就是"写我所做，做我所写"。

　　二是，写我所想，想我所写。写作的时候，一定要写自己认真思考过的。写作者，要把最近想的话题列一个清单，一个一个话题接着往下写。写完了，放几天，再来想想自己所写的：我真的很好地表达了我的观点吗？我的文章逻辑性怎么样？是不是把我所想的写清楚了？读者阅读我的文章，可能会产生哪些困惑？这就是"写我所想，想我所写"。

　　三是，我写文章，文章写我。我在写文章，写下来的文章最终成就了我自己。大部分作家我们并不认识，作家的文字，就是他本人。同理，教师、教育研究者，他们的文字，也是他们本人。管建刚老师被大多老师熟知是因为文字、一本接一本的写作，这些作品成就了管建刚。我所敬重的周一贯先生，著作等身，他的文章，具有很高的辨识度。从这个意义上说，写作，就是在写自己。正如阿根廷作家赫尔博斯说的："作家等待着他的作品。一个作家始终被他所写下的东西改变着。"这就是"我写文章，文章写我"。

　　敬畏写作，善待文字。我写文章，文章写我。

语文教师，要成为学生的写作伙伴

1

十五年前，我曾读到过这样一篇博文——

西希：

　　……

　　你知道吗？工作之余，一有空我就如饥似渴地阅读你的作品！真的，你为自己也为与你同龄小朋友们建造了一座神奇美丽的童话宫殿。在这个世界上，没有生活中那太多的"不许"，也没有精神上那无奈的"约束"，有的却是自己思维的放飞和心灵向往的表述……多美妙，多精彩呀！

　　……

　　我，只想谢谢你，因为我是你的第一位读者！

你的大朋友

于二〇〇六年十二月三十一日

　　一位校长，在看完了本校三年级学生尚未出版的书稿后，欣喜万分，第一时间给孩子发了这封邮件。

　　"我，只想谢谢你，因为我是你的第一读者！"这句看似平淡的话语，

161

其实包含着深刻的哲理和深沉的热爱。

2

这位校长，始终把自己定义为孩子写作路上的伙伴。第一时间阅读，第一时间喝彩，让孩子的作文，始终有人关注。

长期以来，不少语文教师，总是在"教学生写作"，而恰恰忘记自己也应该是一个写作者，是和孩子一起写作文的人。因长期不"下水"，不知写作冷暖，常常以枯燥、抽象的概念来讲解作文知识，把作文要求肢解为一句句架空的"作文口号"——"文章要写具体""要表达真情实感""要通过典型事例写人""抓住语言、动作、外貌、神态写人"……长期因袭的"口号式"写作教学，"教"等于没教，儿童写作，几乎处于自生自灭状态。一个不会写作的老师，是很难教出会写作的学生的；即使班里有几个写作高手，也不是这样的老师教出来的。

反过来，如果教师自己是一个写作者，深知写作甘苦，深谙写作之道，那么，指导学生写作，就不会隔靴搔痒，就不会"口号"连篇，而是游刃有余，如庖丁解牛。这样的教师，知道怎么抓特征写外貌，知道怎么选择典型事例，知道怎么构思运笔，知道怎么抒发真情，知道怎么画龙点睛……教师自己是专业写作者，指导学生才有底气，效果才能确保。从这个意义上说，"语文教师成为学生的写作伙伴"，不仅是必要的，而且是必需的。

3

教师成为学生的写作伙伴，意味着教师要用心发现生活中更多的素材，用心写出一篇篇佳作来。教师本身的写作行为，就是对学生最好的

"教"——是谓"身教重于言教"。

教师如何观察、如何审题、如何选材、如何构思、如何修辞、如何修改，都会成为学生的榜样。而且，教师的写，还能激发学生的好胜心。"弟子不必不如师"，师生同题写作，教师也可以向学生学到很多写作本领。毕加索说："我愿意花一辈子的时间，向小孩学习怎么画画。"作文，亦然。我认识几位朋友，自己是写作高手，他们教出来的学生，也是写作高手。

我的朋友章晓，人称老章，成都才子。绘画、书法、摄影俱佳，关键是，他写得一手好文章。他的散文，画面感极强，非常耐读。他常常在朋友圈和公众号分享他的佳作。凡是老章带过的班级，无一例外地，学生文章写得超级棒。他微信公众号里，学生佳作比比皆是。

我的朋友赖建平，爱健身、爱阅读、爱写作，文章简练、隽永、创意多多。同样，他带出来的学生，文章写得像极了他。他承担国内几个品牌作文刊物的特约撰稿人，孩子们作文发表无数。这样的朋友，我有一打。自己爱写作，孩子们也爱写作，写得非常棒！

教师成为孩子的写作伙伴，是教好孩子作文的关键所在。

4

教师成为孩子的写作伙伴，要放下师道尊严，全程陪孩子一起写，发现孩子的精彩，欣赏孩子的精彩，展示孩子的精彩。然而，很多时候，我们常常看到，教师以极其理性的态度，在教所谓的"精准写作知识"——"写作知识"，其实无所谓"精准"，只有合适与否。为了"精准"，老师常常教得极其枯燥，孩子学得极其无聊。

更有甚者，教师千方百计地以自己的语法规范，去"修剪"儿童的语言。规范是规范了，但灵性也往往随之消失。都说"失败是成功之母"，在习作教学中，我们更倡导"成功是成功之母"。

以"写作伙伴"身份出现的老师，不会把自己当作质量检测员，而是把自己当作儿童习作的"第一读者"——在第一时间，用真诚的赞美，点燃他们的习作信心。"教师成为学生的写作伙伴"，不是放弃教师的责任，而是以另一种方式，引导学生自己发现写作中存在的问题。我们不反对教师对学生作文的精批细改，我们更倡导在孩子的习作后面写"读后感"。

赞科夫说："当一个孩子终于回过来再读自己的作品，而且有不满意的地方的时候，那就是伟大突破来临了。"老师，不要急于当儿童的语言医生，而要在儿童充分享受成功的基础上，帮助儿童发现自己的"不满意"。多年前曾接触过马来西亚作家、杰出教师张发先生。先生告诉我，在他们学校，教师是不允许批改儿童习作的，只允许在孩子的作文本后面写"读后感"。

无独有偶，作家沈从文当年在西南联大教书时，习惯于在学生作品后面写读后感。常常，读后感的篇幅，超过了学生作品的篇幅。这样的读后感式的批语，往往可以营造安全、宽松的表达环境。在作文教学途中，让儿童毫无负担、兴致勃勃地写起来，也许比传授写作技巧和规范更加重要。

"教师成为学生的写作伙伴"，就要千方百计地为学生习作搭建发表的平台。朋友圈、班级群、微信公众号、美篇、简书，乃至作文小报、作文刊物，都是孩子习作发表的好平台。发表一篇习作，对学生来说，比得到老师全篇密密麻麻的修改，更为重要。

"教师成为学生的写作伙伴"，意味着教师要对自己的作文精益求精，把自己写作——从审题、构思、落笔、修改的全程呈现给学生，尤其把不同版本的文字晒出来，供学生细细解剖。这样的解剖，比精批一百篇作文更具示范价值。亲其师，信其道。爱写作的老师，才能带出爱写作的学生。

应付地写一百篇教学反思，不如用心地写一个好故事

当教研员，常常有机会去检查一线教师的教案。

我发现，有了电脑，老师们的教案，大部分写得很认真——至少从篇幅上看。且，每篇教案后面，大抵都会有教学反思。

我长期在一线教书，知道这些教学反思是怎么来的。

教师太忙，平时，改作业，处理班级杂事，真的没有时间及时记录反思。听说教导处或者上面有人来检查了，于是，抓起红笔，刷刷刷，花两个晚上，每课教案后面，少则三四行，多则六七行，就这样，把反思补好了。且，补上去的反思，字一定是写得格外大的——哈哈，字大，看上去所占的位置多一点啊。红红一大片，认真哪！

这样的反思，往往也能得到检查者不错的评价——"反思及时，认真"。

可是，这样的反思，除了能通过检查之外，我不知道它的价值在哪里。

一者，这种事后补上去的反思，不是"真"反思。很多时候，时过境迁，教学场景、细节，早忘了。这种应景的反思，大部分胡编乱造，不知所云。

二者，即便有老师不是事后补的，这样三言两语式的反思，无异于隔靴搔痒，这样的浅反思，和不反思，差别有多大？

三者，很多时候，我们往往看不清自己教学中存在的问题，反思也只

能是从现象到现象，无法深入本质、寻根求源。这样的教学反思，作用也是有限的。

我并不是否定教学反思的作用，我国最早的教育著作《学记》中说："学然后知不足，教然后知困。知不足，然后能自反也；知困，然后能自强也。"真正有价值的教学反思，是能从成功或者失败的案例中，收获对教育教学问题的深入思考。一个优秀的教师，必定是善于反思的教师。反思越及时、越深入，教师成长越快。

"然而另一些时候，教室却如此毫无生气、充满痛苦和混乱——而我却对此无能为力——此刻的所谓教师就像无处藏身的冒牌货。于是敌人无处不在——那些格格不入的学生，那些我自以为熟知的学科，还有那有赖此业谋生的个人苦衷，都与我作对了。"帕尔默在《教学勇气——漫步教师心灵》一书中这样写道。其实，每一位热爱学生、热爱学习、热爱教学生涯的老师，都或多或少地遭遇过类似的困惑。这就是"教，然后知困"。一个优秀的老师，要善于直面自己教学生涯中的沮丧、困惑、迷茫、无助乃至于绝望的时刻。把这些时刻如实地记录下来，认真剖析原因，探寻出路——我以为，一学期认真地写一两篇这样的教学故事，要比那些泛泛而谈的所谓反思更有价值。

《教学勇气》一书中，帕尔默讲了引起教师困惑的三个主要原因：认识学科、认识学生、认识自我。

"首先，我们教授的学科是像生命一样广泛和复杂的，因此我们有关学科的知识总是残缺不全，无论我们自己如何致力于阅读和研究，教学对控制内容的要求总是使我们难以把握。其次，我们教的学生远比生命广泛，复杂。要清晰、完全地认识他们，对他们快速做出明智的反应，需要融入鲜有人能及的弗洛伊德和所罗门的智慧。"最后，"我们教导自己认识自我"。

帕默尔为我们指出了教师反思的三大领域：学科、学生、自我。

我们的反思，可以聚焦课堂。我们在日常教学中，总会上出几节让自己特别满意的课。这样的课，我们把它写成一个好故事。将某个值得久久回味的片段，记下来，然后反复阅读，自我沉醉；沉醉之后，试着反思：是什么让这节课这样成功？是文本解读的到位？是教学设计的得当？是学生的精彩？还是源于自己的智慧？细细梳理，我们便能找到答案。于是，我们对"学科、学生、自我"有了新的认识。

当然，很多时候，我们会上一些很糟糕的课。鼓起勇气，把最糟糕、让自己想起来都要撞墙的课，原原本本地记下来，细节越具体越好。然后，认真思考，这节课为什么这样糟糕：是文本解读不对？是教学设计不当？是学情把握不准？是理答功力不足？细细梳理，我们也许能找到答案。找到了问题根源，我们可以向他人请教，或从书籍中寻找智慧。于是，我们对"学科、学生、自我"有了新的认识。

我们的反思，还可以聚焦日常教育。当老师，永远不缺好故事。班级管理、家校沟通，剪不清、理还乱，一堆的鸡毛蒜皮。其实，这些琐事中，藏着好故事。一定会有那么一些事情，我们处理得非常圆满；也一定会有那么一些事情，被我们搞得一团糟。对这些印象深刻的事，同样可以记下来，认真反思。西班牙有句谚语："自己的脚，知道自己的鞋紧在哪里。"写教育故事，把脚或"适"或"紧"的经历与感受写下来，慢慢地，我们就学会了怎么"寻找合适的鞋"。

这样的教学、教育故事，不用多，一个月一个，总可以吧？一年八个故事。十年呢？八十个！足足可以出一本书了！

当然，也许你会说，我一个小老师，胸无大志，把班级管好，书教好，就行了。我不想出书。也对。但有了这八十个故事垫底，你就慢慢地成了经验丰富的优秀教师。一个老师能否成为优秀教师，不是看他在师范学校里以及此后进修的过程中，获得多少新的理念。其实，师范里学的教育学、心理学的知识，足够你大半生用了。你能否成为优秀教师，关键看你是否积攒了大量有价值的案例。而这些你用心写的小故事，会让你从曾经的失败中积累教训，从曾经的成功中提炼智慧。这些教训、智慧，慢慢地让你成为优秀的教师。

写教学故事，让我们在一次又一次的真实的记录中，不断地反思自我、发现自我、认同自我、完善自我。用心地写教育教学故事，与自我意识深层对话，发现自己的优势与不足；再通过阅读，与思想大师对话，让心灵智慧不断趋于完善。一个优秀的教师，就是要通过不断的反思、阅读来获得学科专业的主动发展，实现生命价值的愉悦提升。

如此，我们便遇见了更加优秀的自己。

那条通往心灵的秘密隧道

—— "百班千人"读写分享会上的发言

> 那一夜，星星在云间闪耀，月亮向大地倾泻皎洁的光，孩子们的心被它守护，为它激荡！
>
> ——四川 段蕾《百木葱茏　千帆竞发》

读着老师们所写的一篇篇饱含激情的文字，我的眼睛一次次潮润。

他们，都是最基层的老师，担任班主任，一周15节课以上，繁忙到连从容地喝一口水都成为奢侈。但，就在这样的工作强度下，一次次坚守，一次次守望，带着他们的学生、家长，忘我地投入到基于网络、线上线下齐头并进的共读活动中来。

参加这样的活动，意味着要比其他老师付出更多时间和心血。但是，他们不叫苦、不喊累，沉醉其间，乐此不疲。

究竟，是什么在深深地吸引着他们？

寻找生命中的那片海

乌鲁木齐的樊丛辉老师，是一个典型的文艺青年，爱读诗，爱写诗。早在七八年前，他就接触了"亲近母语"，开始在班级里尝试整本书阅读。但是，他常常觉得自己很孤独，他说："别人总是用异样的目光看我，总觉得我不务正业，很是另类。在那里，我有一种深深的孤独感。"

的确，像樊丛辉这样的老师，不在少数。他们不满足于现状，不甘心"眼前的苟且"，总希望自己的教育生活，还有"诗与远方"可以追寻。然而，也许是迫于应试压力，也许是受环境制约，大部分老师选择了屈从现实，放弃梦想，日复一日地和分数厮杀，渐渐地，诗和远方，成为模糊的背影。

然，总有一些人，是例外的。2016 年下半年，樊丛辉老师参与了沪江网"蒲公英大学"研习，遇见了与他志趣相投的伙伴和导师。于是，在导师的引荐下，遇见"百班千人"。他，带着他的孩子们，加入了基于网络的千人共读。远在新疆的他，遇到了天南海北的同道。于是，他和孩子们与远方的伙伴，在 QQ 群、微信群，兴致勃勃地聊起了童书、聊起搁置已久的诗。

因为有深厚的文学功底，樊丛辉老师在共读群里的发言，引起了导师们的注意。再后来，他推出了自己的微信公众号"樊人说"——在公号里，他发了多篇整本书文本细读。开阔的视野、细腻的文思和深刻的思考，一下子让他拥有了众多的粉丝。

丛辉不再孤单。他，像一条鱼，游入了大海，幸福地找到了生命中的那片海。

再后来，他成了"百班千人"助理导师、导师。在浩瀚的大海中，他找到了更多的同游者，并逐渐成为领泳者。在这片海里，他劈波斩浪、自由游弋，绽放着生命的精彩。

基于网络的异地共读，有着相同尺码的人，走到了一起，成为精神同盟者、成长共同体。在这里，他们拥有强烈的归属感。而这种归属感，让原本孤单的心，不再四处漂泊。阅读，就是出发；阅读，就是回家。

远方，有更多不甘寂寞的灵魂。而这些不甘寂寞的灵魂，因为网络，因为书，相遇了。于是，生命的枝干，拔地而起！

重建教师的精神宇宙

人无法掌控自己的身高，但绝对可以掌控自己的精神海拔。一个精神上的侏儒，是无法带出巨人的。作为语文老师，如果只盯着眼前三本书——教科书、教参、教辅，那么，你的学生绝不可能看见三尺以外的地方。

尤其是年轻教师，读书之于成长的意义，再怎么高看，都不会过分。

基于网络的共读，迅速聚集数以千计的优秀教师。在无障碍的网络交流中，不少老师很快展现出"学霸"风范，不经意间的发言，表现出不凡功力和开阔视野。"学霸"的存在，让伙伴们产生了"饥饿感"。于是，这些渴望上进的老师们，选择了如饥似渴的阅读。阅读儿童文学，阅读关于整本书阅读的理论与案例，阅读更多可以打开视野、提升自己的生命之书、伯乐之书。

深圳南山实验教育集团南头小学的杨婷老师说："原先，我的阅读一直是碎片化的。但是从去年开始，我开始系统地阅读理论书籍。从那时，到现在，除了儿童文学，我一年内阅读了58本书。"

正是因为有这样广泛的阅读，杨婷老师成长很快，成为年轻的导师。她说，自己这一年的成长，抵得上过去的总和。

"静静地思考，我知道，我迫切需要的是提升自己。于是，我在寒假里阅读了关于绘本教学的一系列书籍——《玩转绘本创意写作》《图画书应该这样读》《基于主题教学情境下的绘本教学案例》《亲子阅读 ABC》《图画书阅读与经典》《小学生绘本阅读指导》等。在阅读中，我越读越发现自己的不足，越读越感觉要多读，于是，在一本一本的书中，我汲取了养分，对如何开展共读活动，有了一些自己的想法。"深圳的陈婕老师，学会了通过专题阅读，提升自己。

再看重庆的彭建老师。参与"百班千人"以后，她深深地觉得自己对儿童文学涉猎太少，于是，她用大量时间"恶补"。

下表，就是她今年 7 月份的阅读书单。

类别	书名	作者	是否完成
专业书籍	《说来听听：儿童、阅读与讨论》	（英）艾登·钱伯斯	已完成
	《重建教师的精神宇宙》	李政涛	已完成
童书	《小不点和安东》	（德）埃里希·凯斯特纳	已完成
	《艾米尔和三个孪生子》	（德）埃里希·凯斯特纳	已完成
	《动物会议》	（德）埃里希·凯斯特纳	已完成
	《两个小洛特》	（德）埃里希·凯斯特纳	已完成
	《埃米尔擒贼记》	（德）埃里希·凯斯特纳	已完成
	《袖珍男孩儿和袖珍小姐》	（德）埃里希·凯斯特纳	未完成
	《飞翔的教室》	（德）埃里希·凯斯特纳	已完成
	《袖珍男孩儿》	（德）埃里希·凯斯特纳	未完成
	《织梦人》	（美）洛伊丝·劳里	已完成
	《大海好辽阔啊，爷爷》	（日）五味太郎	已完成
	《老人与海》	（美）欧内斯特·米勒尔·海明威	已完成
	《山羊兹拉特》	（美）艾萨克·巴什维斯·辛格 著 （美）莫里斯·桑达克 绘	已完成
	《我的妈妈是精灵》	陈丹燕	已完成

这样的网络共读，激发了老师们的求知渴望。很多老师，自主成立网络读书会，一起啃读对他们来说有挑战的书。因为，他们认识到，读这些书，就是通往未知世界的路。福州的陈峥老师，就是这样一个热爱网读的佼佼者，组织来自全国各地的老师和童书爱好者们一起在微信群啃一本艰深的理论书——《阅读儿童文学的乐趣》。

在网络共读中，无数老师，选择用美篇记录共读生活。一张张照片，一段段文字，定格的，不仅仅是精彩往事，更是精神拔节的履痕。江苏的丁素芬老师，因为遇见网络共读，小宇宙彻底爆发，2017年上半年，在专业杂志上发表了约十篇佳作（论文、案例）。

共读，共写，让精神宇宙不断重建。这，便是最蓬勃的生长。

挖一条通往心灵的隧道

以下文字，摘自四川乐山外国语学校段蕾老师的随笔《百木葱茏　千帆竞发》：

2017年3月7号，一个明媚的上午，百千第六期共读书——《海底隧道》到啦！

这是一本令人悲伤的儿童成长小说，孩子们流着泪把书读完后，跟我说："段老师，我懂了圆圆的不幸，我看到了自己的不知道珍惜。""这本书真神奇。我不断在书里发现自己的影子，身边同学和朋友的影子，杨志军叔叔太厉害，他很了解我们嘛。"

听着孩子们稚嫩而真挚的话语，我深切感受到，孩子们在迅速地成长，他们的生命在拔节。

最让我感动的是孩子们排演《海底隧道》"张老师送别圆圆"的小剧本的情景。扮演"圆圆"的小王同学趴在桌上双眼含泪向"张老师"大声喊："张老师，我还会回来看您的！"那个时候，我记得每个孩子都深情地看着"圆圆"，扮演"张老师"的万子琳同学温柔地笑着朝"圆圆"不停挥手……如果孩子们没有读进去这本书，他们是演不好的。视频拍好以后，我一遍遍观看，也在一遍遍"学习"，我在向孩子们学习他们那种认真投入的精神，欣赏孩子们创造性的表演！

3月25号晚上，全国百千的小学生在李祖文老师的带领下，在各班微信群里热烈讨论，共同"挖"了一条通往心灵的"隧道"。

不止一个老师，在自己的教育教学日记中，写下参加网络共读后师生的进步与成长。

是的，每个人的成长，都需要通道。当下，教育教学的现实，逼仄到让人窒息。在这样的大环境下，更需要每一个富有理想主义的生命个体，用心挖出一条适合自己的、通往成长之路的"心灵隧道"。基于互联网的师生共读，突破时空阻隔，不分体制内外，只要你愿意，通道便会铺展在你面前。这条通道，是连接外部世界与每个人的心灵隧道。

导师、教师、家长、出版人、作者，彼此真诚分享，砥砺智慧，每个人都在为阅读这件庄严而美好的事，倾尽全力。因此，这条心灵隧道，是四通八达的。

经由这条隧道，阅读的热情，传向四面八方；

经由这条隧道，语文的素养，逐渐得到提升；

经由这条隧道，爱读的人群，成百盈千增加；

经由这条隧道，全民阅读的理念，深入人心；

经由这条隧道，教育公平的推进，更有希望；

……

"希望是半个生命，淡漠是半个死亡"（纪伯伦语），心灵的秘密隧道，永远是由爱与希望贯通起来的。

Chapter 5

成长不是一瞬间的事，而是一辈子的事

成长，不是一瞬间的事，而是一辈子的事

常常，有年轻教师问我，张老师，我怎样才能快速成长？你能否推荐给我几本书，或者告诉我修炼的法门？

我的回答，常常让他们失望。

关于成长，我说得最多的一句话是"大量阅读，勤于写作"。我告诉他们，读了一本书或者告诉你一个法门，就能快速成长，是不可能的，尽早灭了这个念头。

来问我的老师，常常悻悻而去。他们觉得不解渴。大量阅读，勤于写作，谁不知道哇？！

是的，几乎每个老师都知道。但真正去实践的，并不多。

不少年轻教师，患有"成长焦虑症"。

患上成长焦虑症的老师，看起来很努力。读书，貌似很用心；文章也貌似写得不少；公开课，听得很多，也上得不少。但，就是不满意自己的状态，总觉得自己进步太慢。

患上成长焦虑症的老师，首先得调整自己的心态。

成长，不是一瞬间的事，而是一辈子的事。尤其是教师的成长，绝对不像文学作品中那些练武之人，幸遇高人指点，便会豁然开朗，武功勇猛精进。赵子龙醉心练习枪法之时，突然一柄长枪从隐蔽处飞出，紧接着一个白发老人飞了出来，原来，老人是来点拨赵子龙的。孙悟空学艺，遇到菩提老祖，菩提老祖在孙悟空后脑勺拍了三下，悟空会意，于三更半夜到院子里向师父学艺。

这都是传说中的事。生活中，哪有突然遇到明师，武功突飞猛进的事？好师父，确实是有的，但师父再好，也得自己修炼啊。

修炼，就得慢慢来。

读书，不能急。不要以为读得多，一定就进步快。朱光潜在《谈读书》一文中，意味深长地指出："学问如作战，须攻坚挫锐，占住要塞。目标太多了，掩埋了坚锐所在，只东打一拳，西路一脚，就成了'消耗战'。与其读十部无关轻重的书，不如以读十部书的时间和精力去读一部真正值得读的书；与其十部书都只能泛览一遍，不如取一部书精读十遍。"

年轻教师读书，往往犯贪多嚼不烂的毛病。以为翻过一遍，等于读懂了一本书。读书如读人。对一个人的认识，匆匆一面，或者偶尔见过几面，你只知其大略，根本算不得真正认识。认识一个人，须在反反复复的接触中，通过长时间，慢慢去了解。如此，我们才能说，我对这个人，真懂了。读书，也是如此。一个人，生命中必须要有几本读得滚瓜烂熟的书。这样的书，是生命之书、知音之书、伯乐之书！

我经常对年轻教师说，博览群书是需要的，但深钻几本书，可能更重要。找几本经典的理论，反反复复地读，折页、批注，一遍一遍地咀嚼。

切不可看见朋友圈里谁谁谁，正在读什么，你便跟着买。这样读书，或者，读不进；或者，不系统。读书，慢慢来，急不得。其实，不需要花太多时间，每天坚持读30分钟，七八年，就能精读一百来本书。有一百本经典之作打底，还怕专业不进步？

成长，慢慢来，还意味着我们要善于凝聚、开发自己的心灵。

患有成长焦虑症的老师，往往同时也患有多动症。这类教师，确实很爱学习。最明显的标志是，到处赶场参加学习。整本书阅读，参加；作文研习，参加；成长学院，参加；绘本研习，参加。

一个暑假短短50来天，参加四五个活动，结果，脑子被各类专家名师的观念、做法，塞得满满的。听听这位，觉得好，想学；听听那位，觉得好，也想学。回来后，都觉得不错，都尝试一遍。到头来，却发现啥都没学会。更糟糕的是，学生跟着自己，忙忙碌碌，收获寥寥。

包括听课，有不少年轻教师，常常喜欢参加一些名师云集的大型综合性观摩会。

这些活动，从观赏性来说，确实是很棒的，偶尔听听，无可厚非。南北名师，齐聚一堂，星光璀璨，煞是过瘾。但听过之后，我们会发现，脑子里，依然没有形成结构化的东西，只留下一招一式。过些日子，连一招一式，也忘了。这样的听课，就像观赏过一百部电影，依然不会演电影；亦如参加过一百场演唱会，自己的唱歌水平没有提高，是一样的。

真正有价值的听课，一定是有选择地反复听。选择对自己启发意义特别大的课，一遍一遍地听，一个环节一个环节地琢磨。套用朱光潜先生的话，与其浮光掠影地看一百节课，不如以看一百节课的时间，细细地看少数课。看到连梦中都出现课堂的场景，才算真正看懂一节课。

其实，最需要沉下心来的，是十年几十年如一日地打造属于自己的特色品牌。

我特别欣赏江西鹰潭的潘非凡老师。

潘非凡老师真是一个有激情有韧劲的一线草根教师。潘老师没有耀眼的光环，但他在作文教学上颇有建树。他的成长，归结起来，就是"专注"二字。

潘非凡老师曾经去深圳工作，回家乡后，偶尔读到管建刚的书。此后，他如饥似渴地读管建刚的书和文章，听管建刚的课，看管建刚的讲座，跟着管建刚学做作文周报。在管建刚的影响下，成长很快。三四年间，出了两本写作教学专著。最近几年，我几乎每年都会遇见他。在行知写作研习营上，主办方邀请他作为往届学员分享，他一次比一次有激情，一次比一次有干货。一线草根教师的朴素、激情、纯粹与智慧，在潘非凡老师身上体现得淋漓尽致。

我常常感佩于潘非凡这样的草根教师。从他们身上，我读懂了什么叫"咬定青山不放松"，什么叫"韧性即神性"，什么叫"水滴石穿、绳锯木断"。

当然，别以为潘非凡只学管建刚，作文教学上，他也学蒋军晶，学吴勇，学何捷，也学本人张祖庆。

这叫"专于一师，转益多师"。潘非凡的非凡坚持，成就了他的非凡成就。潘非凡告诉我，他退休还有五六年，他要把他与学生的那些有趣好玩的故事，写成一本书，书名都有了。

他说的时候，无比激动。

我也无比激动地期待。比期待我自己的书还期待。

我想起了哲学家唐君毅说的一番话："有些东西，我们要视而不见，听而不闻；有些世界或中国之名人，我不必求认识；有些群居终日言不及义的聚会，我不必去参加；有些哗众取宠的讲演，我不必听；有些浮游无据的文字，我不必看。人必有所不为，而后可以有所为。人之有所不为，即人之精神向自己凝聚的开始，而求内在的心灵开发的开始。"

这番话，是送给我的，也是送给更多年轻教师的。

成长这件事，需要我们凝聚自己的内心，开发自己的心灵。如此，我们才能让自己充满能量，让自己慢慢长大。

人的成长，是一辈子的事，而不是一瞬间的事。抱元守一，凝聚心灵，深度开掘，如此，我们便会在芬芳岁月里，开出一朵属于自己的小花。

成长，就像台湾诗人七星潭先生写的一首小诗——

　　一点点种子
　　一点点泥土
　　一点点整理

一点点愿望

一点点这个那个

一点点阳光

一点点雨水

一点点等待

然后

一朵小花！

　　成长路上，让我们相信种子，相信泥土，相信愿望，相信阳光，相信雨水，相信花朵。

专注力：教师自我精进的全部秘密

常有年轻教师问："张老师，请问，教师成长有什么秘密？"

我的回答，常常只有两个字：专注。

问的人一脸茫然，我呢，解释起来，挺费劲，不如写篇文章，系统回应。

1

专注成就一个人的事业，这样的例子，不胜枚举。

大雕塑家罗丹为了修改自己的雕塑新作，忘了朋友来访。

古希腊物理学家阿基米德，为了弄清皇冠是否纯金，洗澡时发现池水溢出盆外，产生顿悟，发疯般地冲出浴室，赤身露体在街上狂奔。

科学家牛顿，痴迷科学研究，煮蛋时，错把手表扔进锅里。

书法家王羲之，练字入迷，吃馒头时把墨汁当蒜泥蘸着吃。

爱因斯坦，研究入迷，新婚之夜，忘记陪同新娘吃饭。

数学家陈景润走路时撞到树上，对着树连说："对不起，对不起！"

……

2

也许，你会说，这些都是名人，离我太远。

好，举个凡人的例子。

有个教师叫杨巧云——对不起，她太默默无闻了，以至于我都记不清是不是这个名字了。有一年，黑龙江省举行小学生语文综合素养大赛，前10名中，居然有5名来自名不见经传的杨巧云老师的班级。省市教研员没和杨老师打招呼，直接杀到她班级听课。课很一般，不是一般的一般。教研员问杨老师，为什么你的学生教得这么好？

杨老师回答，没有什么，就是坚持五年做了两件事：每天和学生一起看书半小时，每天和学生一起写日记。

杨老师的语文教学，没有惊天动地，并不轰轰烈烈。但她做到了专注——专注于大量阅读和大量写作，于是，岁月给了她最好的答案。

朴朴实实的杨老师，是一面镜子，映照出很多人在海量信息冲击下的浮躁与喧嚣。这个光怪陆离的世界，各类信息扑面而来，越来越快的生活节奏，让专注成为奢侈品。

今天的年轻教师，不像信息闭塞时代，几本杂志，就是唯一的学习资源。当下，老师们学习的渠道，可谓五花八门。微信公众号、杂志、网站、QQ群、微信群，各种各样的培训班、研习营，如雨后春笋让人目不暇接。于是，一批"听课族"应运而生。他们，仿佛是为听课而生的，凡大型观摩会，必有他们的身影。有的，是追品牌活动而去的；有的，是追男神女神而去的。这些勤奋好学的老师，不但双休日赶场，晚上，也常常赶场，各类网络教研，都有他们活跃的身影。

这年头，爱学习的老师不多了，必须为他们点赞！

但是，问题也恰恰在于，资讯太多，选择太多，偶像太多，可依赖的东西太多，反而破坏了人的主体能动性，使人丧失了全神贯注的能力。每一条外部飘来的信息，每一点外部环境的干扰，都像是一个强行插入的休止符，让手中的工作戛然而止，让脑中的思考忽然停顿，让心中的梦想永远是梦想。

这，是患了典型的"多动症"。一旦教师患上"多动症"，是很可怕的。

3

考察很多名师的成长经历，无一不是从专注阅读开始的。

我的朋友干国祥先生（江湖人称干干），谦虚地说自己是一介山野村夫，不是什么名师。在我看来，他的学问造诣，当下鲜有几位名师与他比肩。

2004 年他曾化名"血刀门下"，与"诗意语文"一众门人就《一夜的工作》等课，"舌战群儒"。"诗意语文"掌门人崧舟先生彼时一度猜测"血刀门下"，乃上海滩黄玉峰先生。崧舟先生连连称赞，"血刀"武功了得，哲学、现象学、人类学等学问博大精深。

能让崧舟先生赞佩的人，不多。

17 年过去了，昔日"血刀"，今日干干，在干什么？

痴心不改办学，专心致志读书。

说来惭愧，十几年前，他开列的书单，很多我闻所未闻、见所未见。

而现在，他读的很多书，我更是不敢轻易翻开。我只能在他的微信里，看着他衣袂飘飘的枯瘦背影。

近日，应好友雪野兄之约，我为他的童诗专场，打了一次酱油。

那日，干干赫然坐在台下。说实话，我很是忐忑。一来，对儿童诗，我没有什么特别研究；二来，台下坐着古诗词和现代诗皆精通的干兄。我装作镇定，"我打酱油我怕谁"地上了一课。课毕，我坐于干兄边上，向他讨教。干兄先是对我的课做了肯定（不知道是不是礼节性的），然后，貌似轻描淡写地说了几个细节。我心头一惊！这几个细节，恰是至关重要。

后来，干兄听完所有童诗课，做了即兴的点评。我没有听到，但我看完雪野兄请人整理的文字之后，更是惊叹：字字珠玑，识见独特。

干兄为什么有如此深厚的功力？无他，唯读书专注耳。

十几年前，好友金铭兄有幸跟干兄在扬州宝应挂职，每周跟着干兄，做批注式阅读。金铭告诉我，这种阅读，几乎是逐字逐句细读。干兄这样深入地读了几百部经典名著，这些名著，都化为了他的血肉和精魂。

专注，带给他深厚的功力。而这份专注，来自干兄的定力。

雪野兄的活动结束后，他发布了一条"隐居"的消息。今后，至少五年时间，他将不再出没"江湖"——一般情况下，我们见不到他讲课的身影了。他去干吗？完善他的"全人之美"4.0版本的课程。除此，我想，他大概埋头读书去了。

可怕的干兄。

4

干兄的读书姿态，让我想起了朱光潜先生在《谈读书》一文中说的话——

"有些人读书，全凭自己的兴趣。今天遇到一部有趣的书就把预拟做的事丢开，用全副精力去读它；明天遇到另一部有趣的书，仍是如此办，虽然这两书在性质上毫不相关。这种读法有如打游击……"

朱光潜先生说的"打游击"的阅读，大抵就是目前很多年轻教师的现状（貌似我也不够专注）。我想，教师的专注力修炼，当从专注读书开始。

不少老师，是以读了多少本书为目标的。这种阅读，患有严重的"阅读焦虑症"。每每看到微信朋友圈朋友们晒的书，是自己从来没有听说的，便觉自己若再不读，就会落伍，于是跟着别人，一本又一本地读。其实，这哪是读书！这是小猴子下山！貌似读了很多书，实际上，是读给别人看的，自己，并没有真正读进去。

读书，要读能击中自己，提升自己的书。这样的书，深读几部，比泛读几百部要有价值。

学者袁衮翔先生曾经把"神游——神交——神合"当作阅读的"三境"。

他说："阅读是一种足不出户的旅游，是一种精神上的览胜。'神游'仅是阅读的浅层，'神交'则是阅读的另一番境界。这是精神和精神的对话，你的精神和作者的精神就像两个忘年的好友，一见如故，无拘无束，陶然沉醉，乐而忘返。'神交'的累积和升华，可能会让你达到'神合'的境界。如果'神交'还是'你和他'的话，'神合'就会变成'你就是他'了。如果是这样，你会在不知不觉中臻于阅读的至境。"

什么时候，不跟着别人读书了，而是按着自己的节奏，读几本值得一读再读的书，读着读着，也许就由"神游"抵达了"神合"。

试想，如果我们与几十部乃至几百部经典文本"神合"了，也许，那时的武功，渐臻新的境界矣。

5

不光读书需要专注力，听课，更需要专注力。

关于听课，我曾在《为什么听了那么多课，依然上不好公开课》一文，有这样的论述——

"一千个老师有一千种理念，一万个老师有一万种风格。不停地听公开课，就如尽享饕餮大餐，却无暇研究烹饪之道。容不得你细细回味，下一道大餐扑面而来。

"所以，听太多的课，反而会阻碍你的专业水平发展。

"尤其是进入成熟期或者风格形成期的教师，绝不可烂听课。要寻找和自己的教学气质相契合的课，细细地听，一遍一遍地听，从模仿开始，慢慢走向创造。

"这，才是听课之道。听得多，不如听得对；听得对，不如听得专。

……

"听课之道，其实和传统的学徒跟师父学艺差不多，专注于一个或几个师父，把基础打实了，慢慢地，方可'转益多师'。切不可基础未夯实，就想'博采众长'。"

6

这些年，从课堂走向课程的理念，逐渐得到大家的认同，不少老师从研究一节又一节的公开课，转向了建设自己的课程。

这，是好事。

但是，我们也看到，很多老师面对琳琅满目的课程案例，患上了选择困难症，不知道往哪条路走。电影课程、创意写作、小古文、对课、吟诵、群文阅读、整本书阅读……都觉得好，都想学，结果什么都学不好。

满盘珍馐，照单全收，肯定不妥。选择自己最需要的食物，方能保持营养结构的合理。否则，营养过剩。

我的朋友钱锋，是典型的很有专注力的人。他是个文艺青年，喜欢音乐，喜欢电影，喜欢旅游，喜欢写作。他的天涯博客"老伯牙"，我至今以为是一座金矿。他也是个公开课高手，当年的《秋天的怀念》，至今让很多浙江老师怀念，《伯牙绝弦》一课，被崧舟先生誉为"绝了"！

钱锋在本可以评特级的那会儿，离开杭州，开始了他的"万物启蒙"之旅。近七八年来，他把所有心血与智慧，都熔铸在"万物启蒙"课程上了。而今，这门课程，越来越彰显它的旺盛生命力，散发独特光芒，得到国内甚至国际相关专家的高度认同。

钱锋的成功，在于他的专注力。

因为心无旁骛，一心向前，所以，路越走越远，越走越宽。

7

专注力，说白了，就是"安静的力量"。

儒家亦认为"静能生慧"。《昭德新编》说："水静极则形象明，心静极则智慧生。"

佛家语："灵台清静，静能生慧，慧能生智。"

道家也说："静能生定，定能生慧 。"

总之，儒家、佛家、道家都认为，"静能生慧""静能开悟""静能正道"。佛陀把智慧分为三种——"闻慧、思慧、修慧"，最关键的是修慧。通过修习内观可以获得智慧 。戒、定、慧，是佛陀留给众生的教诲，也是引向顿悟的一条捷径。

无论是朋友们鲜活的成长路，还是典籍中的谆谆教诲，都告诉我们，一个人，不过分专注外物，心才会达到静定，这就是戒的意义。

心清静、意清静，智慧刹那涌现。

所有的机遇，都不会在老地方等你

1

2019年4月11日傍晚，宁波利兹大酒店。

大厅里，好热闹。

从全国各地赶来参加盛会的人们，陆续报到。

办好手续，拉着行李，上楼，入住。

"张老师！"一声清脆的喊声从背后传来。

扭头一看，呀！是"蒲公英大学"网络课程班第一届学员陈婕。她臂弯里躺着熟睡的婴儿。边上，站着她的丈夫。

"你，怎么？……"

"宝贝出生41天，还离不开我。我是来参加这次教学比赛的。这不，爱人全程陪同……"

瞬间，泪目。

陈婕告诉我，去年，她接到了导师宋飞发来的"中国语文报刊协会名师专业发展委员会年会暨全国首届教学比赛"的通知。那时，她已有八个月的身孕。但觉得机会难得，于是，挺着大肚子，参加初赛。她在选手中脱颖而出，预产期前几天，还在录制录像课……

录播教室外面，停着同事们的车，随时准备应对各种状况……

再次，泪目。

我接过陈婕臂弯里睡得正香的婴儿，眼睛一眨不眨，望着这个襁褓中的婴儿。

　　此刻，我臂弯里的这个孩子，应该是中国年纪最小的"参赛婴儿"。在妈妈肚子里，他陪着妈妈比赛；在妈妈怀里时，他也陪妈妈比赛。全程陪同的，还有那个一直在身边的奶爸。

2

　　当晚，我把这动人的照片发给共进晚餐的来宾们，大家都被陈婕老师的拼搏精神感动了。

　　中国语文报刊协会会长王晨女士，在当晚的朋友圈发布了这张照片，引来全国无数朋友的点赞。

　　我想，这大概是教师这一行业才能出现的感人一幕。

　　虽然，从安全的角度来说，我不太支持陈婕临产前一周，还在拍录像课。万一有个什么闪失……生娃41天，其实自己的身体都还在恢复，严格来说，也不应该参与这种需要身体和精神抗强压的比赛。

　　所幸，陈婕在家人和导师伙伴的支持下，克服困难，挺过来了。

　　提心吊胆，长吁口气。我们不禁为她的这种拼搏精神点赞。陈婕老师，在赛课中，表现出了较高的水平，最终获得一等奖，组委会还特别授予她"最佳拼搏奖"的殊荣。

　　陈婕并没有参加最后的颁奖典礼，她抱着41天的娃娃，在丈夫的陪同下，上完课，提前回深圳了。

　　她抱着娃娃参赛的一幕，成为这一届比赛最动人的风景。

3

　　我想起了一些往事。

1990 年 10 月，教书仅一年的我，站到了温岭县（当时还未撤县设市）大型教研活动评课的舞台上。

面对着近三四百位听课老师，初出茅庐的我，滔滔不绝地发表着对几节教研课的看法。

发言持续近 15 分钟。教研室毛昉老师，当即对我的评课做了高度评价。会后，进修学校负责语文教材教法的季俊先生，拍拍我的肩膀，连连夸赞："小伙子，讲得好！"

教研活动后，毛老师当即主动约我，明年的县教研活动，请我来上课。

意外的收获！

然而，这看似偶然的收获，却凝聚着我背后的拼搏。

得知温岭县教研活动，有一个不成文的规定，各区、乡小学教导主任，要轮流作为评课嘉宾，发表自己的看法。作为一名教坛新兵，深知自己的稚嫩。但俗话说，笨鸟先飞，勤能补拙。于是，我在教研会前十天，就开始认真准备。

记得当时的教研主题是"文道结合，向道倾斜"，各门学科都把思想政治教育摆在极其重要的地位。我找来当时学校里所有的教学杂志，搜索与这个主题相关联的所有文章，认真摘录关键词句。读着，读着，脑子里，渐渐形成了对这个话题的一些看法。于是，干脆将这些看法写成了一篇 3000 多字的文章。

我天天熟记这篇文章，几乎都能背下来了。评课时，我将课堂精彩片段，插入文章。所以，有了会场上的惊艳亮相。

脱颖而出的背后，是十来天的精心准备！

就这样，我意外地获得了参加 1991 年下半年县级教研活动的机会。记得只试教了一次（当然，备课是极为认真的），教研室老师就比较认同我的教学方案，提了些建议，我便亮相了。

说实话，课怎么上的，我现在一点记忆都没有了。但课后发生的几个细节，却记得清清楚楚。

一个细节是，当时担任松门小学业务副校长的林煜才先生，拍拍我的肩，问我有无兴趣到松门区小教书；

另一个细节是，当时名满温岭的钓浜乡中心小学教导主任徐秀春先生（现温岭市教研室副主任，语文特级教师）写信给我，表达对我教学的激赏。

教研员和与会代表，更是对我的课赞赏有加。

此后的岁月里，我获得了无数类似的机会。

县三学三比语文学科组第一名，

县青年教师作文教学评比第一名，

台州市青年教师教学观摩一等奖……

1999年调入太平小学，担任教科室主任。因喜欢写点东西，成为写手，为学校写了大大小小无数材料。

2002年，学校承办"全国多种风格教学流派比武"，推荐我参赛。也许是沾了东道主的光，也许确实课上得也不错，我获得了特等奖第一名的佳绩。

再后来，有机会与王崧舟老师同台上课，点评嘉宾是德高望重的沈大安先生。

再后来，杭州"西湖之春"组织者薛志才先生在我校承办了一场活动，校长把我推荐给主办方。

2004年，教书15年的我，第一次登上了全国的舞台，与于永正、贾志敏、支玉恒等先生同台上课。

……

就这样，我从海岛起步，一步一步，以自己的方式，坚定地往前行走着。

4

其实，我个人的综合素养并不出色。三笔字，中规中矩；普通话，缺陷甚多。在浙江，个人素养比我好的，大把大把。我之所以能够走出来，我想，主要是因为认真地对待每一次机遇。

机遇总是格外垂青我。也许因为海岛年轻教师不多的缘故，年轻的时候，什么比赛都会落到我的身上，因此，我比别人多了许多崭露头角的机会。

当然，更为重要的是，每次，我总能比较好地把握机遇。这里面，也许有运气的成分，但更多的，靠的还是拼搏。

机遇，绝不会总在老地方，一次又一次地等待同一个人！

没有当年那一次精心准备的评课，我也许不会那么早上县级公开课；

没有县级公开课的"一炮打响"，也许就没有此后更多的机会；

没有此后的积淀和为学校写了那么多材料，也许参加全国比赛的机会，不一定落在我的身上；

没有获得全国比赛特等奖，也许就不会被推荐到"西湖之春"与大咖同台；

没有与大咖同台的经历，也许我就不会被沈大安、王崧舟等先生看见……

一切，仿佛水到渠成，瓜熟蒂落。

其实，只有我自己知道其中的酸甜苦辣。

我曾经的搭档叶百水先生曾经跟我说过，人，面对同样的机遇，一般不会超过三次。第一次、第二次失利，一般很少能获得同样的第三次机遇。如果第三次良机也错失了，那么，你便很难再有类似的机遇了。

的确如此。机遇，不是你的老母亲，她不会在老地方痴痴地守候着你。

记不得从哪里看到过这样一句话："智者创造机会，强者把握机会，弱者等待机会，愚者丧失机会。"一生中，有多少机遇会主动降临到我们头上？很少很少的！而且机遇稍纵即逝。

成长中的年轻教师，一定要努力做个智者，主动去创造成功的机遇。前文提到的陈婕老师，就是一个主动创造机遇的人。客观上，她不具备参加比赛的条件，但她用自己的拼搏，赢得了一次精彩的亮相。虽然，失去这次机会，陈婕还会有其他机会。但是，也许是一年、两年以后。"成名要趁早。"张爱玲的话说得没错。趁精力还充沛，趁年华还青春，趁梦想还美好，年轻人，必须要奋力拼搏啊！

其实，有时候，我们不一定要费尽心思地去创造机遇，但是当机遇突然降临到我们身上的时候，我们要坦然从容应对。如此，我们才是把握机遇的强者，而不是弱者、愚者。

生活，有时候偏偏喜欢开玩笑。你全力以赴了，但机会可能迟迟不降临到你身上。不气馁，不泄气，以自己的方式安静前行；读书、写作，深呼吸，说不定哪一天，机会突然降临。我的很多机会，就是这样获得的。

当然，成功的方式多种多样，靠赛课展示才华，绝不是教师工作的全部，它甚至只是极小的一部分。

一名普通教师，最大的幸福，应该是在成就学生的过程中成全自己。全情投入，全力奋斗，建设一间幸福的教室，找到职业生涯的安身立命之所在。这大概是每一个教师可以作出的努力。

沉入教室，并非消极"躺平"。它需要教师智慧地捕捉儿童生命拔节的一个又一个最佳机遇，创造一个又一个教育的奇迹。带着更多儿童，走向生命的最近发展区，这，才是每个教师的天命。成全天命的机遇，永远掌握在自己手中。美国的罗恩·克拉克、雷夫·艾斯奎斯等卓越教师，就是这样的典范。

与其补短板，不如练绝招

期末总结会，不少校长会让年轻教师找短板。于是，老师们也就很认真地找短板，每次都能找到不少短板。

第二年，短板补得怎么样？

不得而知。

这个找短板的想法，据说是从"木桶理论"那里发展而来的。一桶水是否装得满的决定因素，不在最长的那块板，而在最短的那块板。于是，找短板，补短板，让这只木桶盛得下更多的水，成了天经地义。

但，这个理论，在任何场合都适用吗？

我看未必。

只要是人，永远有差异。加德纳的多元智能理论充分说明了这一点。

有的人长于人际交往，有的人长于动手，有的人长于数理，有的人长于形象思维……

如果一味地引导找短板，那么，作为语文教师，你便可以找到一串短板。智慧比不过于永正，大气比不过支玉恒，严谨比不过贾志敏，诗意比不过王崧舟，激情比不过窦桂梅，幽默比不过薛法根，深刻比不过干国祥，创意比不过蒋军晶，渊博比不过丁慈矿……

那么，你是不是越比越郁闷，越比越觉得自己不是块教书的料？

其实，真不需要找太多的短板。教书，不是看你自身这桶水装多少，而是看你怎么带学生去找水。只要能以你自己的方式，带着学生去寻找"清洁的水源"，让源头活水汩汩而来，你便是最优秀的教师。

大作家沈从文，当年在西南联大的时候，被刘文典嘲笑为"只值一元"的教师。他当年给张兆和他们上第一节课，带着一沓稿子，在讲台前呆呆地站了十分钟，说不出一句话来。但，谁能说沈从文不是一位好老师?! 他写得一手好文章，改得一手好文章。自己的作品一篇一篇发表，学生的作品也跟着一篇一篇发表。据说，他给学生写的评语，常常超过学生的原文。

于永正老师普通话山东腔很重，但他的感情朗读，打动了千千万万一线教师。于老师没有去补这个短板，而是把自己极富亲和力的长板发挥到了极致，他的课堂，那么简单而智慧。

管建刚老师的粉笔字，在诸多特级教师中，算不得漂亮，但他的课深受欢迎。管老师没有去补这个短板，而是把自己的作文讲评课长板发挥到极致，他的课堂，幽默而鲜活。

李祖文老师的公开课，在诸多年轻名师中，算不得顶呱呱，李老师没有刻意去补这个短板，而是倾力打造"安全而舒适"的阅读教室，他的教室，那么润泽而迷人。

还有很多很多老师，他们没有刻意去补短板，但依然因着自己独特鲜明的个性，活跃在教坛。

也许你会说，这些都是名师，他们是偶像，偶像因缺点而可爱；我们普通老师就不一样了，必须各方面都过硬，否则，无法满足家长和孩子们的需求。

这话也不对。老师是人，不是神。是人就有短板，且不只有一块短板。短板，是补不完的。与其年年补短板，不如干脆暂时忘了短板，让自己的长板屹立在这只木桶上，让它成为你的标志。也许，一俊遮百丑。你的长板太夺目，别人便忽略了你的短板。

擅长公开课，你就好好地发挥你的天赋，让自己在这个领域脱颖而出，让自己成为一颗闪亮的星星，熠熠闪光。

擅长写作，你就好好地经营写作。你写，学生写。写出一篇篇文章，一本本书。你和学生，因写作而存在。

擅长管理，你就好好管理你的班级。用心经营，打造润泽教室，让你的教室成为温馨的家。公开课和论文，靠边站吧。

喜欢电影，你就好好地做你的电影课程。徜徉光影，穿越时空，让电影成为师生共同的美好记忆。生命，因此光灿。

……

每个人都是独一无二的，不要试图费心补短板。补短板，最终会让我们变成什么都不错，但都没有特色的庸才。忘掉短板，让长板更长，才是唯一的出路。

与其补短板，不如练绝招。把绝招练到极致，成为学生的偶像，让学生崇拜你，比什么都重要。

从"实用"到"无用"

1

李欧·李奥尼的绘本《田鼠阿佛》，有一股阳光的味道。温暖、浪漫而诗意。我喜欢。

谷仓不远的石墙里住着一窝小田鼠。冬天要来了，田鼠们忙着收集玉米、麦穗、坚果和干稻草。可是田鼠阿佛除外，它在收集"阳光、颜色和字"。冬天来临的时候，收藏的粮食很快吃光了，田鼠阿佛开始给小伙伴们讲故事。他把收集的阳光、颜色和字，分享给每一个小伙伴，让伙伴们度过了一个冬天。

2

作为教师，读完故事，我脑子里冒出"收藏无用"四个字。

"无用之用，方为大用"，当老师的，都明白这理儿，但实践起来，难。

不少老师常问我："张老师，您帮我们推荐几本有用的书。这些书，最好能比较快地提高我们的教学能力。"

我的回答，常让他们失望："对不起，这样的书，目前没有。"

这不是搪塞。

教书这活儿，无法速成。可老师们不这样想，总希望找到一本"武功秘笈"，让自己一夜之间技惊四座。这，只是武侠小说中的情节。现实生活中，哪有这样的"秘笈"！教书不仅仅是技术活，信仰、人格、态度、识见、学养等，都影响着我们的教学能力。教学能力，绝不是靠一两本所谓"有用的书"速成的。

其实，很多看起来"无用"的东西，会慢慢地熏陶一个人。我们不妨学学田鼠阿佛，收藏一些看似无用的东西。"阳光、颜色和字"，对田鼠们"过冬"来说，也许是"无用"的。但就是这看似无用的东西，让田鼠们在寒冷、寂寞、漫长的冬季里，拥有了温暖、浪漫和诗意。"无用"的东西，陪它们熬过了漫长的冬季。

这，不正是"无用之用，方为大用"吗?

几年前，我在"千课万人"上了一节《致地球新生儿的一封信》。不少听过课的老师，都觉得这节课信息量大，很有新意。也有朋友问我："张老师，这节课中涉及那么多信息，你是从哪些途径获得的? 你备课，是先有这些资料，还是根据课题，去找资料的?"

我回答："是资料自己找上门来的。"

朋友一脸茫然。

其实，还真是这样的。

这节课，涉及的内容有德国科普书系《什么是什么之我们的地球》《爱因斯坦的圣经》《不羁的思绪》以及纪录片《家园》《难以忽视的真相》。有连续性文本、非连续性文本以及视频。这么多素材，整合在一起，让学生以"给地球新生儿写信"的方式，完成一篇习作，颇有些项目写作的意味。

备这节课，灵感来自阅读科幻作家阿西莫夫《致地球新生儿的一封信》一文。备课时，曾经看过的报纸、书籍、纪录片，纷至沓来。它们，真的"自己找上门"来了。

有不少老师评价我上的作文课，常常在选材上，给人以出乎意料之感。仔细想想，我这个人，还真喜欢异想天开，常常把一些课外的资讯引入教学：荷兰图书馆 RFID 智能图书椅、亚马逊河原始森林、奥斯卡获奖微电影、各种绘本……都进入了我的作文课堂。《都市快报》记者贺丛笑戏称我的课"有着万花筒般的魅力……"

我想，我能够开发这系列有新意的课，绝对不是刻意而为，而是平常收藏"无用"的必然。

在我的 360 云盘里，收藏着很多"无用"的东西。200 部高清晰纪录片、3000 多部电影（包括教育电影、儿童电影、动画微电影）、5000 多本绘本、5000 多首乐曲、3000 多本电子书、300 多集各类名家的演讲视频（音频）……

这些东西，貌似和语文无关。白天，争分夺秒在单位里干完手头的活儿；晚上，就是我和这些"无用"的东西对话的大好时光。徜徉在光影世界里，穿梭在各种文本间，颇有一种"生活在别处"的恍惚。也正因了这些"无用"的东西，备课时，我常常有一种左右逢源、信手拈来的畅快。在"千课万人"所上的《月亮之上——微电影与微写作》，就是在看皮克斯的微电影《月神》时产生的灵感。巧妙的构思、浪漫的画面、幽默的细节，瞬间激活了我的备课思路。于是，关掉电影，"嗒、嗒、嗒"地在键盘上敲打，不到 15 分钟，一节新课诞生了。

就是这么奇妙！一切是那样的水到渠成、瓜熟蒂落。仿佛这课，早就在那里等我，不早，不迟。

由此，我再一次确信，"无用之用，方为大用"。作为语文老师，我们要像田鼠阿佛一样，多收藏"无用"——

多读一些与语文无关的书籍，多看一些与语文无关的电影，多参与一些与语文无关的聚会，多交一些与语文无关的朋友，多走一些与语文无关的地方，多培养一些与语文无关的情趣……慢慢地，你就收藏了许多与语文无关的东西。这些东西，看似"无用"，说不定哪天，派了"大用"。

3

其实，不单单是语文教学，无论做学问还是做人，都不要老想着"有用"。然而，很多时候，"实用"往往是很多人做事的唯一原则。

二十世纪四十年代以前，"实用主义"在美国哲学中一直占有主导地位，甚至被视为美国的半官方哲学。实用主义的根本纲领是把确定信念作为出发点，把采取行动当作主要手段，把获得实际效果当作最高目的。实用主义者关注行动是否能带来某种实际的效果，也就是关注直接的效用、利益，"有用"即是真理，"无用"即为谬误。

其实，生命匆匆几十年，倘若时时刻刻都想着"有用"，多累！

一个老师，是否把时间全部花在钻研教材、备课改作上，才是做"有用"的事？

未必！

语文教育家张志公先生说得好："一个语文老师，不读书，不看戏，不旅游，不交友，才是最大的不务正业。"

只关注"有用"，忽略"无用"，在某一特定阶段，也许对专业发展有促进作用。但，教书不只是工匠活儿，它是一门创造性很强的艺术。教师精神生活的丰盈与否，直接决定着育人效果的好坏。眼睛只盯着眼前的分数，如何抵达诗与远方?!

其实，分数不是狗，你一门心思喂养它，它未必会跟定你。你的眼里只有分数，分数眼里不一定有你。一个眼里只有分数、精神贫瘠的教师，是很难培育出参天大树的。

教师，唯有站在精神的制高点上，超拔地眺望气象万千的胜景，才有可能带着学生走向辽阔的远方。

多读"无用"的书，多听"无用"的戏，多去"无用"的地方，多交"无用"的朋友，多参与"无用"的社会活动，让精神生活丰富多彩，让生命体验摇曳多姿，让自己成为活生生的有情有趣的人……最终，这些"无用"，会不期然地给你丰厚的回馈——它们，让你更有魅力，更富活力。一个活力四射的人，举手投足，都会元气淋漓；这样的老师，远比只做"有用"之事的老师，更受学生欢迎。

原籍浙江温州的池昌斌老师，以摇滚乐迷、背包客、阅读者的多重身份，行走天地间，结识各色人等，写出了《另一种可能——一个特级教师的跨界生长》。他用行动，精彩地演绎了什么是跨界生长。

4

多做"无用"的事，说白了，就是为生命寻找"另一种可能"。李笑来老师在《财富自由之路》中说——

你要想尽办法去寻找拥有那项技能的人，尽量与他们共同度过大量的时间。如果没办法一对一交流，也起码要时刻关注他们。因为，对于学习者和追求进步者来说，仅仅是相互见到，相互知道对方的存在，都有巨大的价值，只是很多人不明白这个道理而已。

多认识一些跨行业的人，多阅读一些跨界的书，多了解几门跨界的艺术……你的职业生命就可能多一些别样的创意和全新的视角。

当然，我们呼吁多做"无用"之事，并非倡导不务正业。不练基本功、不备课、不改作，一门心思都把时间花在"无用"之事上，最终，你会陷于光怪陆离之中，不能自拔。那样的"无用"，是真"无用"。

以"无为""无用"之心，做"无为""无用"之事，最终，才有可能收获"有为""有用"。

如此，"无用之用，方为大用"。

请为自己开一扇窗

常常，人生的某个时刻，我们会被逼得无路可走。迷茫，沮丧，绝望，常常觉得生无可恋。

我敢说，大部分人，都会有这样的"至暗时刻"。挺过去，再大的风雨都会停歇；挺不过，你的世界天崩地裂。

最近，一位朋友在微信里和我吐槽。

换了一个环境，换了一任校长。新的校长，比原来的校长，更热衷于各种荣誉：凡是比赛，必拿第一；凡是检查，必须漂亮。

于是，老师们，跟着做台账、做台账、做台账。没完没了，没日没夜……

她很苦恼，想到了换学校。

我问她，你确信，换所学校，不会掉进新的陷阱里？

她沉默了很久，很久。

最终回复我：算了。

其实，很多时候，很多忙碌，不是校长制造的。

怎么办？

我说，无路可走的时候，不妨给自己开一扇窗。

朋友问我，说得简单！关键是，这窗怎么开？

在忙碌的夹缝中，总会有一些时间，是属于你自己的。

属于自己的时间，用来做什么？

给自己开一扇窗！

窗怎么开？

好！我试着打开一些思路。

第一扇窗：静下心来，读一些名人传记。

从不同时代不同地域的名人遭遇中，你会觉得自己的处境和他们相比，简直算不上是困境。走近他们的生命深处，贴近他们的苦难真相，你会觉得，自己的所谓悲苦，无非悲秋伤春，无病呻吟。

读传记，拉大我们的格局，让我们学会隐忍，让我们学会等待。在别人的疼痛里，阿 Q 地活着，便是这扇窗的最大意义。

第二扇窗：走出去，寻找尺码相同的人。

归属感，是人的基本生命需求。归属感，说简单点，就是合群。但很多时候，要看合什么样的群。不是所有的群，都是需要你去"合"的。

寻找尺码相同的人，寻找与你的精神同频共振的人，与他们合群，让自己更好。天地何其小，网络若比邻。只要你愿意，你总会找到若干和自己志趣相投之人。

也许，你可能会觉得，这样，会不会与身边人格格不入，会被视为"另类"？

也许，会。

但是，你真的需要每个人都喜欢你、认同你吗？余生珍贵，何须太累。

当然，如果你在身边能找到这样和你同行的人，那便最好。找不到，独行，又何妨？

如果凡·高合群，就没有了《向日葵》；

如果卡夫卡合群，就没有了《城堡》；

如果普鲁斯特合群，就没有了《追忆似水年华》。

独行的生命，未尝不美丽。

当然，独行的前提是，不做"异类"，不做损害他人利益的事。

第三扇窗：动起来，干点有意思的事。

只要愿意，你总会找到有意思的事情来做的。

不要抱怨没有时间。抱怨，常常会把我们的生命搞得一团糟。没有人喜欢一个成天抱怨的人。

忙而不乱，忙而不怨，忙而不怠。咬紧牙关，把该做的事一件一件一件一件一件一件一件一件一件……做完。

然后，利用业余时间做点有意思的事。个人成就，取决于他怎么用业余时间做点有意思的事情。这个有意思的事，也许和你的工作有关，也许和你的工作无关。开心，就好。

插花、茶道、健身、瑜伽……让自己在繁忙的工作之余，拥有一番小小天地，一个小小空间。

当然，如果你热爱你的专业，热爱你的事业，你不妨每天坚持半小时或者一小时，做点有助于专业成长的有意思的事。

爱写诗？那就和孩子们一起写诗。获奖了，写诗；烦恼了，写诗；孩子们生日，写诗。诗可以明志，诗可以寄情。这些诗，不一定会发表，但它真实地存在在我们的生命里，记录着我们明明暗暗的心路历程。

有诗在，每一块土地都是远方。

不会写诗，那就读读书。每天十五分钟，关掉手机，大声读或默读，天天坚持，一年下来，便能读完十本书。十年呢？100 本！

把 100 本书，请进你的生命；生命，会馈赠你无限惊喜。

也许，可以拿起笔，或者打开电脑，写点东西。也许关乎你的工作，也许只是为了絮絮叨叨。让文字安顿心灵，让文字给岁月留痕。

第四扇窗：沉入课程，让自己慢慢长大。

只要种子是活的，再贫瘠的土地，也能生根发芽。与其埋怨脚下的土地，不如用心浇灌幼苗。选一个小小的适合自己的迷你课程，用五年、十年，持续不断地去做，慢慢地，让课程之花，以自己的方式生长。

无限地相信种子，无限地相信岁月。你长大了，便会有更多人看见；你被看见了，你的生命就有了更多可能。

无路可走的时候，给自己开一扇窗，透透气，让风进来，让阳光进来，默默等待，默默成长，总有一天，生命刹那花开。

感恩向你"扔鞋"的人

1

生活中，面对鲜花与掌声，我们往往笑逐颜开；面对责骂或诬陷，大部分人会怒目而视。

感恩向你"扔鞋"的人，说起来容易，做起来，难。

在专业发展历程中，我确实常常收到鲜花和掌声。我所参与的大大小小的观摩活动，归结起来，90%都是"送元宝"＋"小建议"的模式。这种模式，很难带给我们触及心灵的启悟。久之，人也便容易在"你好我好大家好"的"和谐"氛围中，自我陶醉。这样的观摩活动，对专业成长帮助其实并不大。

就我来说，倒是有几次类似"扔鞋子"的经历，让我刻骨铭心，受益良多。

2

2005年5月，网友"观棋不语"，将我刚在"西湖之春"上的《詹天佑》转到了"教育在线"论坛。

网友"我爱语文"告诉我："教育在线"的一些评论，值得你好好关注与思索。于是，我闯进从未涉足的"教育在线"论坛。"不看不知道，一看吓一跳"，帖子里各种截然不同的声音纷至沓来，褒少贬多，语气尖锐！更有极端者，甚至用上了"吐""狂吐""删"等词语。

在如此开放的网络平台上，被人狂批，心里真不是滋味。

后来"人教论坛"版主"论语"把"教育在线"的争议转发至"人教"，以《颇受争议"詹天佑"》为主题，发了个新帖。引起了更多网友的围观和争议，同样是贬多褒少。曾经苦心经营的《詹天佑》，遭到如此尖锐的批评，我再也坐不住了，于是"揭竿而起"，写了一篇比较长的回应文章，希望求得更多的理解。

后来，我单独发了一帖《关于〈詹天佑〉——我与人教论坛的网络情缘》，希望借这个帖子进一步阐述我的想法。跟帖中，有一段文字引起了我的深思（作者朱煜，曾对我的《詹天佑》一课有过尖锐的批评，后来，我和朱煜兄成了朋友）。

张老师：

　　您好！

　　……

　　您说自己的课堂实录引起了一场风波，我觉得这不是风波，而是一个很有意义的讨论。它说明关注语文教学的人越来越多了。这是好事。您的成绩有目共睹，您的声誉更不会因为讨论而受到影响。相反您和讨论者都会因为讨论和成长进步，您说是吗？……

　　让我们携起手来，抛开无用的喧嚣，收集智慧的火花，一起前行如何？

　　顺颂

教安

朱煜

2004 年 6 月 6 日

朱煜的留言，深深地触动着我。他的话，让我浮躁的心逐渐变得澄明。是啊，很多时候，我们往往认识不到一己之局限，总是站在自己的立场看自己，且以为自己总是正确的。叔本华说："人常常自我陶醉，正如一只狗认为狗最好，牛认为牛最好。"如果一个人老认为自己真理在握，那么他和牛以及狗又有什么区别呢？想至此，我便决心不再"做牛做狗"，迅速调整心态，以开放的姿态接纳各种声音。我把"教育在线"和"人教论坛"对《詹天佑》一课的评论逐一下载下来，并认真阅读、思考。网友"贝壳的泪"在深入地研读了"教育在线"和"人教论坛"两个关于《詹天佑》的主题帖子后，将"看云"（薛瑞萍）的课、"玫瑰"（窦桂梅）的设想，以及我的课做了深入浅出的对比，以《只抽三四鞭——我看〈詹天佑〉》为主题，从多个层面对这个课进行了剖析，有理有据，有破有立，让我深受启发。2005年10月，我在北京演绎的《詹天佑》（第二版）的几个亮点，就脱胎于此帖以及网友们的建议。

　　我感恩这段"声名狼藉的日子"，更感恩向我"扔鞋"的人。没有他们，我可能一直在一个小天地里沾沾自喜，更不会有后来的一次次反思与一次次重构。

3

　　《和时间赛跑》一课，是我2011上半年在南京"现代与经典"上的。整节课，我以学生的问题为起点组织教学，把"以学定教"的理念演绎到了极致。南京回来，我很快地整理成课堂实录，发在博客，好评颇多。

　　可是！可是当我读到其中一位匿名博友的评论时，脸一阵阵发烧。

　　"某些所谓名师，不懂装懂。"哀"字的解释，是这样吗？好好去查查辞典再来教汉字吧，别误人子弟了！"

　　这条评论，让我冷汗直冒。

很显然地，这位留言的老师，态度不是那么友善，甚至有些挑衅的意味。试想，如果他把我当朋友，也许会用后台递纸条的方式，善意提醒。而现在……

得从那节课说起。2009年前后，"字理识字"正成为很时髦的识字流派。为了体现"与时俱进"，教学中，我专门安排了一个"字理识字"的环节。当时，我手头关于汉字的书不多，顺手拿起一本，没有多加考证，便将书中的字解，搬到了课堂上。于是，教学中，有了这样的环节——

师：这一段也有一个词语是表达心情的，哪一个？

生：哀痛。

师：先观察，中间有一个口。衣服的"衣"字拆开来。哀，原来怎么写的呢？张老师也把它的祖先带来了，请看——（师出示"哀"的小篆）上边是一个屋顶，中间这个方框表示人头，底下表示人趴在地上，伤心地哭泣。那是因为，家里发生了灾难，死了亲人，很难过，这就是"哀痛"！就像玉树地震，汶川地震，我们都很"哀痛"。

匿名博友的评论语气极不友善。我不甘心，因为，我是参照书上的解读呀！

于是，我赶紧请教对汉字很有研究的黄亢美、刘发建等老师。结果，两位老师告诉我：这个字，我确实教错了！

那一刻，我无比尴尬。

个人名誉损失事小，对学生的影响事大。于是，赶紧打电话给借班班级的老师，让对方更正我的错误。

课堂实录，赶紧删掉！可是，来得及吗？会不会有人转载了？要知道，比错误更可怕的，是以讹传讹！

赶紧百度。天！居然有好几个人转帖了！

于是，赶紧在自己的博客里发布更正，并希望转帖者及时删掉。可是，已经迟了，网络传播速度飞快。更多的人，转载了这节课。

木已成舟！那个教错的"哀"字，永远地留在了互联网上，也深深地烙在了我的记忆里。

此后，我不敢再轻易尝试"字理识字"了。要知道，如此"以己昏昏"，如何"使人昭昭"？这，不是误人子弟吗?!

后来，每每遇到不得不讲某个生字的来龙去脉，我不再轻易相信一本书的解读，而是请教专家，多方比较。直到确认无误，再给学生讲。

不仅汉字，某个新的知识点或是修辞手法，甚至文本解读，每当遇到疑点或自己没有把握的，我便请教朋友或专家。我深深地知道，作为教师，必须要敬畏课堂，敬畏学科。

这起网络上的"扔鞋"事件，让我重新认识了"学高为师，身正为范"这八字的含义。

4

此后的教学中，我特别在意那些尖锐的意见。我常常觉得，愿意向我们提尖锐意见的人，就是生命中的贵人。凡是当面指出而不是在背后嘲笑你的人，都是可敬的。他们，就是在你生命中"扔鞋子"的人。（当然，更有少数人，看到了我们的严重错误，比自己还急，二话不说，通过电话、短信、微信，在背后善意地提醒我们，这样的人，是值得我们一辈子珍惜的真朋友。）

其实，因为我们不完善，别人才会愿意用"扔鞋"的方式，表达他们对我们的不满。如果他们不"扔鞋"，也许我们就一直看不到这样的不完善。别人的不满，恰恰是我们获得生长、进步的空间。

当然，并非所有的"扔鞋"都要笑脸相迎。面对那些无理取闹或哗众取宠的"扔鞋"者，我们不必被他们牵着鼻子走。尤其是互联网时代，众声喧哗乃至网络"泼粪"是一种新常态，如果每一只"鞋"我们都要回应，那么，我们必将一事无成。很多事，是不需要人人理解、接纳和欣赏的。有多少人喜欢你，就有可能多少人讨厌你。至于，那些表面笑脸如花，背后捅你一刀的人，敬而远之，不理不睬，就是最好的姿态。

让我们永远铭记：我不是人民币，何必人人喜欢？

<h1 style="text-align:center">5</h1>

忠言难免逆耳。一个经常在公众场合露脸的人，总是要被人品头评足的。哲学家唐君毅先生说过："一人在台上演讲，台下有一百听众，即可有一百个毁誉之网，将套在此讲演者之头上……一人名满天下，他即存在于天下一切人之是非毁誉之中。而一个历史上的人物，他即永远存在于后代无限的人之是非毁誉之中。"一个理性的人，应该客观看待"毁誉"。淡然看待"赞誉"，因为，赞誉容易让人沾沾自喜；冷静看待"诋毁"，"诋毁"中，藏着提升自我的契机。

如此，我们才会在不断地被"扔鞋"中，进步更快。被"扔鞋"并不可怕，可怕的，是从此不敢上台。

代后记

五十知天命，而我却活成了"斜杠少年"

今天是我 50 岁生日。

当我敲下这个数字的时候，还是心头一震：怎么就五十了呢?！孔子说："五十知天命。"斯蒂芬·茨威格说："一个人最大的幸运，莫过于在他人生的中途，发现了自己的使命。"照理，五十了，该知天命了；照理，有使命，也该发现了。然而，我似乎仍不知天命，似乎也找不到什么使命。我似乎成了一枚任性的"斜杠少年"——会和儿子换衣服穿，也会和朋友在雪地里放声高歌。

我不是不知道"斜杠"，是用来夸别人的；用"斜杠"来称呼自己，确乎是犯了众忌。然而，我的确找不到更贴切的词语，来描述我这一年半的生存状态。你要理解为自恋也好，理解为自黑也罢。"斜杠少年"的确是我自己的一种内心感觉。只不过，我杠得还不够彻底。

好，就让我开启斜杠盘点。

前几天，浙江省教育厅邀请了一批记者（有新华社、《人民日报》、澎湃新闻，也有省内主流媒体）和网友代表（我就是"网友代表"），请大家对省教育厅的工作提建议。自我介绍时，我忽然觉得很难用一个词定义自己。"斜杠少年"——差点脱口而出，但忍住了。在这样的官方场合，不合适。于是，我改口称自己为"老教育人+新媒体人"——教了 31 年书，做了 4 年半新媒体。从新媒体人的角度来衡量，我确实是个"少年"。为什么称"斜杠"？来，我来直观演示一下。我目前所做的工作是：自媒体人/教师/写作者/网上书店经营者。你看，中间有三个斜杠。而我的心态，还年轻，似乎越来越少年。这不就是"斜杠少年"么？

斜杠身份之一：自媒体人

从某种意义上说，我成为"斜杠"的直接动因，是微信公众号"祖庆说"。从 2016 年 8 月 31 日起，拥有第一个粉丝开始，到今天，"祖庆说"公号有近 50 万粉丝。无意间，我创造了一个属于自己的平台：它是教育小广场，也是自家小客厅。我可以在这个小广场上，说教育的酸甜苦辣，说语文的柴米油盐；我可以在自家小客厅里，以文会友，以书会友，以茶会友——当然，偶尔摆个地摊，偶尔也会有朋友慷慨地扔几个茶水费。而我，也可以通过这个广场，发出自己的声音，发布自己的课程。

疫情期间，我于 2020 年大年三十发起的倡议《倡议 | 亲友们，今年春节取消聚会吧》，得到不少人的响应，阅读量很快突破 680 万；此后陆续跟进的《宅在家里莫心慌，先把课文背起来》等疫情中的系列呼吁，屡屡突破 100 万。下半年，因为忙碌，原创有所减少，但我依然关注现实，关注热点，关注焦点，关注痛点，努力为更多一线教师鼓与呼。当然，我也写了不少跟教学业务相关的文章，这是我的主阵地，我始终未曾忘记。

斜杠身份之二：教师

本质上，我是个教师。我领到了三十年教龄证书，我依然拥有教师资格证书。

我做教师培训。带着老师们一起开微信公众号。把自己压箱底的东西，毫无保留地和大家分享，一对一点评老师们的作品。一年来，近百位老师紧跟着。看着他们一个个从菜鸟逐渐成长为优秀写作者，我欣慰。带着老师们一起读书。帮他们选书，和他们共读，让更多老师在忙碌之余有好书相伴，这比我自己成长还开心。只是，在这一块上，缺乏系统规划，有些虎头蛇尾，要继续改进。带着全国各地的五个工作室老师和课程班的小伙伴们，做自己的小课程，帮他们策划主题，督促他们如何做计划，如何落地，如何出成果……看着年轻教师们在自己的领域做出成绩，我幸福。"做行动至上的体验式深度培训"，是我的梦想。我努力中。

我也做学生培训。只不过，我做的学生培训，不同于一般培训学校，主要是基于网络的培训。2019年11月在喜马拉雅上线的高分写作课，历时一年半全部更完，有30000多人订阅了这个课程。我常常收到朋友留言：这个课程什么时候可以结集成书？我很开心，说明这个课程得到了大家的认可。我在快哉小课发布的三个课程《张祖庆电影作文课26讲》《特级教师创意作文16讲》《考场作文14讲》，也得到近十万孩子的喜爱。谷里云课堂推出的谷里云作文和谷里云阅读，也有不少孩子在持续跟进。疫情期间，我和朋友们一起做的公益课《宅在家里去远方》，有几万人次参与。借助网络，把更多有价值的课程带给更多孩子，是我最大的心愿。

我也做亲子培训。目前一共做了三期：谷里书院两期，成都一期。家长全程陪同，与孩子同读同写，开设公号，共同成长。不少孩子因此爱上写作，文章陆续发表在各级刊物上。我开心。

因疫情，近两年来，我参与的云端公益培训（有针对教师的，针对学生的，也有针对家长的），据不完全统计，达40多场次。我也参与全国"百班千人"共读计划。这个共读，稍早于我的微信公众号诞生。而今，近80名导师、助理导师，正在做一件非常有价值的事情。全国几万个班级、几百万师生参与其中。让每一间教室透出阅读之光，是我们的愿景。

斜杠身份之三：写作者

我的第三个身份，是写作者。这一年多来，我出版了10多本书，如

《名家名篇里的写作密码》（3本）《刚好遇见——张祖庆散文》《给语文教师的新建议》《小学生小童谣100课》《小学生小童话100课》等。

每一本都在一年内再印。《给语文教师的新建议》不到10个月，再印8次，入围中国教育新闻网"2020年度影响教师的100本书"。童话体儿童写作辅导书《名家名篇里的写作密码》也得到小朋友们的喜爱，目前正在写作续集中。未来两年，我还会有三套重点书陆续出版。第一套是我主编的《小学生母语100课》书系。继《小学生小童谣100课》《小学生小童话100课》之后，我将和团队一起编写小寓言、小诗歌、小神话、小小说、小科普、小戏剧、小朗诵、民间故事、汉字等。争取2022年出齐10种，20册。第二套是我主编的《名家笔下的中国老城市》书系。这套书是围绕20个老城市，面向学生以及成人的城市人文读本20卷。第三套是小学生儿童作文课程。这套书我们打磨了三年，不论是形式还是内容，都会很有意思。当然，还有几本专业类的小书，也会出来。暂时保密。

这个年代，出书是一件很容易的事。但我们会用心做好每一本，不辜负读者的期待。

斜杠身份之四：网络书店经营者

我的第四个身份，是书店经营者。开这个书店，纯属偶然。经常有老师、家长问我，该读什么书。问得多了，我干脆开了个网上书店——谷里云书店。开了，才知道，我是给自己下了个套。做书店，太不好玩儿了。

互联网书店，常常售价被压得比进价都低。这在价格透明的当下，真不好做。好在，浙江少儿等出版社和博库书城等，以最大诚意和力度支持我们。很多作者，愿意参与我们的公益直播。彭懿、王一梅、田宇、殷健灵、汤汤、施茂枝、何夏寿、蒋军晶、管建刚、朱煜等作家、朋友，也都给力地支持。也因此，这个网络小书店——谷里云书店，成了一部分教师和孩子愿意光顾的地方。《课文里的写作密码》《胖头鼠之辣条迷踪案》《麦田少年文库》《名师带你读·曹文轩作品》《谷里云名师伴读书包》《给语文教师的新建议》等成了谷里云书店的爆品。

做书店，杂事多。选品、谈价、进货、上架、客服……一连串的事。好在，团队伙伴们很给力，琐碎的事儿，都是他们在做。一批教师朋友，也愿意用心推荐我们的图书。我感恩遇见给力的伙伴！最难的，是要克服心理难关。总觉得在朋友圈发布图书信息，把自己变成了微商，有一种说不出的尴尬。好在，终于想明白一件事：把好书推给更多人，本就是一件有价值的事。至于别人怎么想，那是别人的事。我们不卖假书，我们低价推书，更应堂堂正正。

于是，不再纠结。大大方方推书，大大方方吆喝。

多余的话

一年多来，我做了很多事，有收获，有苦恼，也有愧疚。

最对不起的，就是家人——貌似，我比过去更忙碌了。也有朋友或直截了当或委婉暗示：祖庆啊，人的精力有限，你得聚焦、聚焦再聚焦，这样才能把一件事做好，做大。

我感谢这些朋友的好心，但我暂时不会一下子聚焦。我这个人，玩心重，愿意不断尝试新事物。我的乐趣，在于拓展不同的领域，体验全新的创业过程。当然，我努力做一件像一件。有些事，实在做不好，且没有必要坚持下去，我会果断结束。也许，过不了几年，我就只想着玩儿了。

"生活不在于你做了什么，而在不做什么，也很充实。"（王澍）年过半百，压力无多，也看淡了很多。做什么，不做什么，关键是看做这些事的时候，自己是否快乐，是否于己于人都有价值。我敬重做大事的人，也听从内心的召唤，做些自得其乐的小事。

218

任性，而已。

自媒体人/教师/写作者/网络书店经营者，对于这几个身份，我最在乎的，还是"教师"这角色。未来几年，我会在母语课程建设上，努力做一个小小的东西出来。现在，有了比较完整的想法。未来三年，我会努力去实践它。

"斜杠少年"，今天五岁。谨以此文，祝五岁之年平安、喜乐每一天。也谨以此文，感谢家人、同事、朋友、读者长期以来对我的包容、支持、关心。

2021 年 1 月于杭州·谷里书院